獨立工作者
現在開始為自己工作

把擅長的事做到最好，
就能打造不怕失業的工作體質！

朴勝晤、洪昇完・著
鄭筱穎・譯

CONTENTS

序言　慢慢地為自己的職涯紮根　7

1 上班族自立門戶的時代　17

我的職涯彷彿迷路了　18
為何兩人的職涯發展完全不同？　24
迎接嶄新的未來　33
後疫情時代的職場變化　44
慢速職涯：獨立工作者的工作策略　56
獨立工作者的三大核心能力　64

2 思考力——發掘內在偉大的自我 73

職場上如何發掘天職 74
渴望：何時感覺我真正活著？ 83
天賦：我擅長什麼？ 98
鍛鍊天賦的方法 109
工作價值：我為什麼要工作？ 117
方向：貫穿人生的一句話 130

3 等待力——面對重重考驗 139

不要為了尋找自我而離職 140

CONTENTS

把天賦培養成優勢 148

必殺技：最擅長的專業技能 158

快速學習：下班後的掌上學校 169

何時提離職？以及如何提離職？ 181

創職：為自己創造工作 193

休閒：緩解職業倦怠 205

4

齋戒力——從恐懼到頓悟的過程 217

戰勝恐懼之路 218

用「擁有」來填補空虛 227

越簡單越美好的極簡生活 236

一天只有22小時，2小時是拿來學習的 245
孤獨，讓關係更深入 256
在睡前想像美好的未來 267
結語 我是誰？我想成為誰？ 275

我懂得思考，
我懂得等待，
我懂得齋戒。

——赫曼．赫塞《流浪者之歌》

序言

慢慢地為自己的職涯紮根

「你不懂嗎？我不像你那麼有自信可以自己出來闖！」

太太突然痛哭失聲，我們的談話就此中斷。太太摀著臉低頭啜泣，我則是悵然若失地望向餐桌，緘默不語。

幾個月前，太太說她想辭掉從事多年的出版社工作。因為公司距離太遠，每天來回通勤三小時，讓她體力透支。再加上和同事關係不睦，也讓她壓力倍增。雖然是童書編輯，回到家後卻沒有心力念故事書給自己的孩子聽，生活失去了平衡。太太的個性向來溫順，但在那段時間裡，她經常抱怨公司的事。在我貿然提出離職，離開大公司時，太太二話不說全力相挺，我實在說不出勸她忍一忍就好這樣的話。

某天晚上，太太將手中的酒仰頭一口飲盡後，像是下定決心似地說她決定年底要辭職，先休息一陣子，再找找看自己能做什麼。更重要的是，她想要自己創作繪本。我內心竊喜不已，從以前我就一直跟她說：「老是幫別人修改編輯文章，怎麼不試著自己寫寫看？」對於太太的決定，我舉雙手贊成，並承諾會百分百支持她。雖然家裡少了一份薪水，但對我來說，比起金錢，時間更重要。我也是成為自由工作者後，才有更多時間陪伴家人。太太開始列出一堆辭職後想做的事，第一件事就是籌畫延宕許久的家庭旅行，配合孩子們的假期時間，決定到清邁玩兩個月。那天夜裡，不知是喝醉了，還是沉醉在編織的美夢裡，我們夫妻倆對即將展開的新生活，充滿了希望。

就這樣過了幾個月後，在出發旅行的前一個月，某天太太下班後，突然沒頭沒腦地拋出這句話。

「我跟公司說了……我只請兩個月的育嬰留停。」

我聽完頓時怒火中燒，居然不是辭職，而是請假，而且還只請兩個月……實在讓人難以理解。我相信太太可以走出自己的路，雖然過程難免會遇到挫折，但她一定會變得越來越強大。我無奈地問她，這幾年難道不累嗎？只休兩個月就回公司上班，有把握不會再像之前那樣抱怨，成天鬱鬱寡歡嗎？太太像個木頭人似，靜靜聽著我說這些挖苦的話語。我繼續試圖說服她，說她會是一位優秀的作家，她懂得用孩子的角度看世界；說她文筆比我好，一定能靠繪本闖出自己的一片天，不斷地鼓勵她。霎時，太太的眼淚如潰堤般地傾瀉而出。

「我不像你決定做什麼就有勇氣去做，我連自己擅長什麼都不知道，工作十幾年，我唯一知道的是這份工作不適合我，但我還能怎麼辦？離開這裡後，我的職場經歷呢？萬一之後再也回不去公司怎麼辦？到最後如果連我自己都討厭自己呢？我真的沒有那麼堅強。」

我頓時愣住了，無法做出任何回應。一個懂得愛自己的人，豈能把自己逼到懸崖盡頭？又有多少人敢在四十歲時翻越安全的圍籬？太太的反駁甚是有理，是我太強人所難了。就像外面天寒地凍，卻一再催促著包得緊緊怕冷的人，逼他穿著單薄的衣服出去是一樣的道理，我不能這麼做。

我的職場之路並不順遂，十四年的職場生活一再經歷失望和逃避，落入某種既定模式。頂著韓國科學技術院（KAIST）[1]的學歷光環，一開始主管對我抱以期待，卻因為我對公司不夠忠誠，態度轉為冷淡。承受了好幾年的差別待遇，我也逐漸對公司感到失望，最後像是逃避般選擇離職，一再重複著同樣的模式。其一部分原因也跟我從理工背景突然轉換跑道，從事人力教育訓練（Human Resource Development，簡稱HRD）工作有關。或許是因為這樣，別人對我只是好奇，卻得不到賞識器重。在職場上的我，總是處於邊緣狀態，雖然一面批評在公司位居要職、步步高升的人，但另一方面，內心也欣羨不已。

儘管如此，仍有一件事是我不想放棄的，那就是創作屬於自己的教育內容。即使歷經三次離職，我依舊堅守職務崗位，繼續從事教育訓練工作。在公司開辦教育課程和講座時，我比誰都還認真。甚至親自拜訪久仰大名的作家具本亨，並且拜他為師，成為他門下的學生，向他學習寫作。有時也會瞞著公司到外面演講授課，同時開設《指南針課程》，在周末教導年輕學子。這些事並非有人請我這麼做，而是因為我想成為像老師一樣的人，像他一樣成為作家。就算無法成功，也要邊哭邊笑著從事自己喜歡的工作，把它當成是一輩子的事業。在上班期間，我一共寫了六本書，每年演講時數超過三百小時。在職場中，我是過客；但在我的世界裡，我是主角。

幾年前，我離開職場，成立個人工作室「內容實驗室」（Qlue），自己當了老闆。每天坐在看得到一小片綠蔭的書桌前閱讀寫作，偶爾接一些演講邀約。上午讀自己想讀的書，寫自己想寫的東西；下午則用來處理一些生活瑣事，稍微平衡一下。六點下班後煮晚餐，等太太回家。一年內抽出兩個月和孩子一起旅行，把影片上傳到Youtube頻道《帶孩子環遊世界一個月》。最重要的是，我不希望每天的生活少了笑容和感動。幸好創業第一年，我的收入就超過了最後一份工作的年薪。過去在公司認識的人脈幫了我很大的忙，再加上長時間以來一直做自己喜歡的事，一點一滴持續累積自己的實力。

前陣子，太太聽了歌手朴正炫翻唱的歌曲〈My way〉，她很喜歡這首歌，因為聽到最後一句歌詞：「I did it my way，我走我的路」時，她想到了我。她覺得等我老了以後，應該會對孫子們講這句話，這讓她很羨慕我，我聽了心裡滿是感激。回想起來，我之所以能夠出來創業，多虧有太太溫暖的支持。但我卻無法理解太太內心的痛苦，為此感到自責。從那天過後，我再也不曾對太太的工作提出任何建議。

❶ 南韓知名理工大學，又有「韓國的麻省理工大學」之稱。與首爾國立大學、高麗大學、延世大學及成均館大學在各項韓國大學排行榜上常列前五大。

英文的「career」（職業）一詞源自拉丁文「carrus」，意指羅馬時代全速奔馳的馬車賽道。如果看過電影《賓漢》（*Ben-Hur*）裡舉辦的戰馬車比賽，就能理解「職業」一詞象徵的含意。所謂的職業，指的正是在比賽中為了獲勝，在賽道上全速奔馳，並想盡辦法避開障礙物，避免翻車的過程。「職涯」也意味著「全速前進」與「競爭」的意思。

或許是因為這樣，至今我們仍不斷地追求「快速職涯」（Fast Career）。許多上班族為了比別人更快爬上金字塔頂端，拚命努力追趕。公司對於這種野心蓬勃的員工，也確實更容易給予獎勵，讓他們更賣命工作。過度投入工作的結果，會導致精疲力竭。時下流行的「工作與生活平衡」（Work Life Balance）說法只是理想，現實生活中，十個上班族裡有九個都曾經有過職業倦怠。退休後所要面臨的問題更嚴重，一直以來像賽馬一樣拚死拚活地向前衝刺，不知不覺已白髮斑駁。一輩子受雇於人、聽命行事，退休後卻沒有自己的事業。快速升遷真的是成功的職涯嗎？等到後悔時，可能已經太遲了。

現在也該是時候，顛覆人們對於「職涯」的定義了。人類的預期壽命已上看一百歲，但退休年齡並沒有延後。疫情過後，預計會有大規模的結構調整，再加上人工智能崛起，許多工作將被取代，數位化的千禧世代已悄然來臨。就算運氣好可以工作到五十歲退休，但往後的三十年又該何去何從？而且五十歲正值壯年，不可能不再工作。

我們必須改變想法。比起速度，更重要的是深度；比起追求快速升遷，不如穩紮穩打地累積實力。無論在公司或在外面，都要能獨當一面。不要為別人工作，而是要為自己工作。受到新冠肺炎（COVID-19）影響，增加了工作的不確定性，唯有具備卓越的能力，才能保障自己。在公司內不斷累積經驗，逐漸培養自身實力，在這個時代裡，需要的是「慢速職涯」（Slow Career）。

自亞洲金融風暴後，這二十年來公司對待員工的方式有很大的轉變。組織重整變成一種常態，員工淪為隨時可能被取代的人力資源。因此，我們也必須改變在職場上的工作方式，不要只是一味地專注在公司的事務性工作，而是要打造屬於自己的「職業」。不是在職場上追求成功，而是進一步認真研究如何善用職場，在自己的「職涯」中創造成功。任何公司都無法給予保障，唯有穩健的職涯發展，才能保障自己的生活。

慢速職涯是指以成為獨當一面的職人，也就是以成為獨立工作者（Indie Worker）為目標，而非辭掉工作、自己出來創業。我的意思是，當一個人具備獨特的差異性，不僅在公司內能以專業人士之姿工作，即使退休後也能擁有自己的獨立事業。如果說快速職涯是以提升「外在形象」為目標，慢速職涯就是以提升「內在深度」為導向。想要這麼做，必須要了解自己，知道自己想要什麼、擅長什麼，將兩者結合目前的工作，就能成為組織內的專業人才。進入到這個階段後，工作將不再只是謀生的手段，而是自我實現的管道。

我想把這些話告訴太太，但又怕傷了她的心。結束為期兩個月的泰北之旅後，太太回公司上班，一如往昔地忙碌和辛苦。她卻說幸好這趟旅行讓她充飽電，看在我眼裡滿是心疼。我很想告訴她，她其實還有別條路可以走，雖然那條小路一開始看起來有些昏暗、孤獨，但繼續走下去就能感受到滿滿的喜悅。不過，我卻沒有說出口，決定把這些話化為文字。用真誠的文字代替嘮叨，相信更能把這份心意傳達給太太。再加上把這些內容寫成書，也會對有同樣煩惱的上班族有所幫助，說不定書也會因此大賣，有豐厚的版稅進帳。於是，我開始執筆寫書。

我們不必在賽道上拚命衝刺，就算累了，暫時離開跑道，以自己的速度慢慢前進也無妨。無須陷入落於人後的恐懼，只要一步一腳印做足準備，一定能走出一條屬於自己的康莊大道。因為在這個時代，無論待在公司或在外面闖蕩，任何人都能開創出自己的一片天。現在越來越多人踏上「獨立工作者」的道路，也正好驗證了這一點。本書將會介紹職涯發展的新趨勢以及各種案例，書中也收錄了我和洪昇完作家的個人經驗談，分享我們這十年來的慢速職涯經驗。願真誠的文字分享，能幫助我的太太和各位讀者內心獲得安定，進而在工作中找到上天的祝福，隨著時間的推移，變得更圓融成熟。此外，誠如慢食運動（Slow Food）開始受到大家重視，倘若慢速職涯也能帶動另一波社會運動、引發關注，那我就別無所求了。

朴勝晤，寫於二〇二一年冬天

1

上班族自立門戶的時代

我的職涯彷彿迷路了

有位住在山上的女孩一直很嚮往大海。然而，她手邊卻沒有一張像樣的地圖，不知該如何前往大海。有一天，她決定鼓起勇氣出發去看海。在冒險途中，她遇到形形色色的人們，有人建議她稍作休息，有人替她加油，也有人一再勸退，告訴她大海太遙不可及了。

身心俱疲的她，來到十字路口。映入眼簾的是一座雄偉的高山，山腳下有四條分岔路，無法得知究竟哪條路才能通往大海。她雖然試圖前進，但因為內心充斥著不確定感，總是一再返回原點。後來，為了籌措旅費，她在附近的小村莊靠縫製衣物維生。很快地，她在這個地方定居下來。日子雖然過得安穩，但她心中依舊嚮往蔚藍的大海，有時她會重新回到十字路口，思索著哪條路才能通往大海，卻又裹足不前。好不容易才安頓下來，不可能再為了未知的未來賭上一切。

隨著時間流逝，女孩也逐漸老去。不知不覺變成老太太的她，希望至少在臨死前，知道究竟哪條路能夠通往大海。於是，她望著眼前的高山，決定開始往上攀登。花了一整天的時間，她終於爬到山頂，從高處俯瞰四周，視野遼闊無比。四條叉路從山的兩旁向外延伸，蜿蜒的道路繞來繞去，最後在一片寬廣的平原交會，而路的盡頭是一片波光粼粼的大海。她不禁嘆了一口氣，感嘆著：「要是當時選定一條路，堅持走到底就好了……」但如今的她年事已高，已無力再踏上漫漫長途。

有時，我們會覺得自己的職涯之路彷彿迷失了，不知該何去何從，不斷在原地徘徊，深怕一不小心走進死胡同，甚至遲遲不敢跨出一步。就像故事中的女孩，被前方的高山擋住看不到前景，為此憂心忡忡；即使嘗試前進，卻又因為擔心害怕，總是一再回到原點。大部分的上班族對自己的職涯充滿不確定性，對退休後的生活，更是焦慮不已。這是因為我們正處於巨變時期，迎面而來的考驗包括了新冠肺炎、人工智能、百歲時代、組織重整常態化等。

儘管如此，仍有少部分的獨立工作者，願意勇於挑戰並找到自己的出路。他們透過職

圖1　典型的矩形迷宮（左）與螺旋形迷宮（右）

場累積高度專業，即使在退休後，也能憑自己的事業或品牌蓬勃發展。比起在職場上追求升遷或年薪，而是更專注在工作本身，把擅長的事情做到最好，不斷磨練自己的實力。這些創造出屬於自己獨特專業性的人全都表示：「條條大路通羅馬。」意思是只要選定一條路堅持走下去，不論怎麼走，最終都能到達目的地，終將能看見一望無際的大海。

並非所有職涯都像是繞不出去的矩形迷宮（maze）。對獨立工作者而言，職場更像是螺旋形迷宮（labyrinth）。兩種迷宮的基本概念雖然相同，但方向卻大不相同。矩形迷宮是由好幾條錯綜複雜的道路交錯而成，難以找到出口；而螺旋形迷宮則是順著通往中心的路徑走，無論走哪條路，必然會抵達位於中心的出口。矩形迷宮的架構是藉由遮蔽出口，讓人迷失方向；而螺旋型迷宮的設計則是圍繞著中心點，不斷調整方向通往出口的架構。簡單來說，如果說矩形迷宮象徵著「徬徨」，那麼螺旋形迷宮就象徵著「重生」。

世界各地皆能見到這樣的迷宮。像是法國沙特爾聖母主教座堂（Chartres Cathedral），任何人進入教堂，必須通過直徑長達十三公尺的巨型迷宮，才能抵達聖殿中心。在通過迷宮時進行自我覺察與反省，抵達聖殿中心後，象徵著回到靈性的原點，再重新開始的寓意。美國約翰霍普金斯醫學中心（Johns Hopkins Medical Center）在紅色的地磚上用白色地磚畫了一座迷宮，用意是讓患者、家屬和醫護人員沿著迷宮的通道行走時，能靜下心來慢慢沉思。人們在穿越迷宮時，會感受到希望並從中獲得療癒。這些迷宮都是通往中心的螺旋形結構，而英文的「螺旋」（spiral）和「靈魂」（spirit）源自於同一個詞源，也並非巧合，意味著我們的靈魂必須通過迷宮後，才能發掘真正全新的自我。

職涯亦是如此。若不想讓職涯變成走不出去的迷宮，必須放慢腳步，圍繞著中心慢速前進。所有偉大成就都需要時間。獨立工作者也是慢慢透過自我實現，發掘自身潛能，才能卸下職場的沉重外殼，邁向自立之路。就像緩慢移動的蝸牛，背著螺旋狀的硬殼生活一

圖2　約翰霍普金斯醫學中心的迷宮

樣，我們每個人身上也背負著屬於自己的「職涯迷宮」。只要相信無論走哪條路都能成就卓越，並選擇一條能夠活出自己的道路，堅持到底走到最後。

希臘神話中，英雄忒修斯（Theseus）擊敗了居住在克里特島上，將年輕男女作為祭品生吞下肚的牛頭人身怪「米諾陶洛斯」（Minotaur），並帶領雅典走向復興。在忒修斯進入迷宮前，克里特公主阿里阿德涅（Ariadne）給了他一團線球，以幫助他逃離迷宮。然而，倘若迷宮裡的每一條路最終都是朝中心前進，忒休斯還需要靠線球指引方向嗎？

即便如此，要走出迷宮還是必須仰賴線球。因為從來沒有人活著走出迷宮，忒休斯並不知道那究竟是矩形迷宮還是螺旋形迷宮。此外，在螺旋形迷宮中行走時，感覺很像是在原地踏步，不斷朝著中心繞來繞去。正是因為如此，身處迷宮中的人容易誤入歧途。英雄忒修斯需要靠線球指引，才能確保不會迷失方向。

想成為獨立工作者的人，面對的情況也是如此。滿心期待進入職場，卻發現像走入迷宮般，工作繁忙、關係複雜，感受不到工作本身的價值。或者幾年下來一再重複同樣的工作，也可能會覺得自己好像迷路了，彷彿一事無成。因此，我想此時的你或許也需要阿里阿德涅公主的線球——這本書就是那團線球。寫這本書時，我們跟阿里阿德涅公主遞給英雄忒修斯那團線球時的心情如出一轍。

然而，你也必須知道，身處迷宮的你，即使不靠線球也能走出迷宮。雖然走起來感覺像迷宮，但只要找到一條屬於自己的路，並且堅持走下去，在路的盡頭終將會看見蔚藍的大海。到那時，你會發現自己其實不需要線球，也不再需要這本書。而這正是這本書出版的目的。

爲何兩人的職涯發展完全不同？

「我想向您請教未來的職涯發展……」

幾年前，兩名上班族不約而同地來找我請教職涯發展問題。兩人的年齡個性相仿，約莫三十出頭，分別在L電子和S電子研究所擔任研究員，工作經歷約五到六年。這兩人剛好都對人力教育訓練（HRD）領域感興趣，因此想要轉換跑道，但動機卻不大一樣。A是因為「覺得自己的工作沒有意義，比起一個人埋頭苦幹做研究，希望能從事幫助別人成長的工作」；B雖然不喜歡目前的工作，但「覺得自己應該更擅長與人溝通互動的工作」。我自己也是理工背景出身，後來轉換跑道到HRD，對他們的煩惱深有同感。聽完他們的描述後，我推薦幾本書給他們，建議他們先在目前的工作崗位上，找到能夠發揮自己才能的機會，例如在公司內部舉辦講座，或扮演指導者角色協助同事等。

關鍵在於自我了解

一段時間過後，我也跳槽到另一間企業培訓中心。在一次公司內部教育訓練人員研討會中，碰巧遇到了A，我開心地向他打招呼，邊對他說：「實現夢想真是太棒了！」然而，他的眼神卻顯得有些黯淡。啜飲一口咖啡後，他像是發牢騷似地說道：「我在人資部門工作一年半，坦白說……不知道耶……與人交流互動雖然很有意義，但沒有明顯的工作成果，過去大學所學的似乎也派不上用場，有時候會覺得不知道自己待在這裡幹嘛。」

他想表達的是，雖然目前這份工作很有意義，卻感覺自己落於人後，這讓我很訝異。他原本不正是因為想從事「有意義」的工作才轉職的嗎？幾個月後，聽說他重新回到曾經拚命想逃離的研究室工作。不到兩年的時間他又回到原點，繼續從事原本覺得毫無意義的工作。

另一方面，透過同事偶爾也會間接得知B的消息。B也一樣換了部門，但他負責的工作不是他原本想做的教育訓練，而是人事管理工作。即使是在人資部門，也分為教育訓練（HRD）和人事管理（HRM），基本理念和處理方式都不大相同。我想，這份新工作對他來說應該會是一場硬仗。

正如預期的那樣，在人事管理的工作中，他負責海外人力招聘項目，由於工作內容和專業術語和之前的部門完全不同，再加上績效壓力及人資部門特有的保守文化，更加深了適應的困難。儘管如此，他依舊不放棄，想找到自己擅長的工作崗位。他自願擔任大型招聘說明會的主持工作，也嘗試以個別說服的方式挖角海外人才。兩年後，他終於如願負責夢寐以求的教育訓練工作，目前除了幫公司員工進行培訓外，也在內部擔任講師。他說：「我很喜歡這份工作，我覺得很有意義。」我原以為這句話應該從A口中說出，卻從B這邊聽到，實在令人費解。

看著他們這些年的軌跡，我很納悶，為何兩人的職涯發展差異如此之大？為何A獲得自己夢想中的工作機會後，卻這麼快又重操舊業？B在艱困的情況下，又是如何從中找到工作的樂趣？或許是因為，A雖然渴望從事有意義的工作，但他不知道自己做什麼才覺得有意義。他想要追求的「意義」，可能是觸手可及的成果或成就感，他並不知道自己真正想做什麼，只知道自己不喜歡什麼工作（也就是現在的工作）。反觀B，他知道自己喜歡做什麼，無論在什麼工作崗位上，都能善用自己的優勢，把握成長的機會，進而找到工作的意義。A和B的職涯發展差異，取決於是否明確知道自己想要什麼？自己擅長什麼？總結來說，「自我了解」決定了職涯的方向。

翌年年初，我們陸續接到兩人來電告知，他們申請公司內部轉職成功，都成功調到了人資部門。僅僅幾個月的時間就做出改變，電話那頭傳來的是充滿興奮和期待的聲音。替他們開心之餘，身為作家的好奇心使然，很想知道這兩人的後續發展，究竟他們的職涯發展又是如何呢？

隨波逐流的上班族

許多上班族向我們吐露內心的不滿，覺得自己不適合目前的工作。然而，認真觀察一下，就會發現他們並沒有嘗試尋找自己擅長的工作崗位，也沒有試圖彌補自己的不足，而是把大多數的精力花在抱怨「這份工作不適合自己」。儘管他們可能也會尋找新的出口、選擇離職，但以A的例子來看，盲目轉職調到新的工作崗位，卻也不見得適合自己。根據每年各家人力銀行統計結果，均顯示每十名離職者就有六名表示後悔離職，尤其當中有四人，更是進公司不到三個月就離職。離職的原因十個當中有六個與工作內容有關，比例遠高於人際關係問題，主要原因是「實際工作與原本的預期大相徑庭」。

不僅如此，新進員工的離職率正在逐年攀升。根據企業公布資料顯示，近幾年的新進員工平均離職率高達四九％。好不容易擠進公司窄門，但每兩位就有一位會在一年內離職，這並不是可以等閒視之的問題。「城外的人想進去，城裡的人想出來」亦非無稽之談。比起對薪水或上司不滿，大部分的離職理由都是對工作不滿。時下二十幾歲的年輕人，甚至會以「踏入職場就是準備退休的開始」或「等退休的上班族」自嘲。

諷刺的是，相較於求職者，在職者的焦慮感反而更重。這是為什麼？因為至少求職者還懷抱著希望，殷殷冀盼著隧道的盡頭終將有出口。然而，在職者踏入職場生活後，卻難以描繪出未來的願景。即使想轉換跑道換新工作，也已經為時已晚。當一個人看不見希望時，就會對生活失去動力，像詩人但丁在《神曲》（*Divine Comedy*）描述地獄入口處時，寫道：「入此門者，必將斷絕一切希望。」看不見希望的地方，正是地獄所在之處。

過去在職場工作時，每每聽到這首歌，總會讓我心中感到無比惆悵，開頭是這樣唱的：「星期日消逝的聲音／滿是遺憾的聲音／那是我內心沉重的聲音。」實際上根據研究統計顯示，最容易心臟麻痺發病的日子也是星期一。究竟有多少人能夠在星期一早上，滿心期待地出門上班呢？無論是剛進公司，或是工作好幾年，還是換過幾次工作，大多數的上班族都對自己的工作不滿意，對未來充滿恐慌。他們大部分都是因為目前的工作前景渺茫、意義不大、薪水又少，因而萌生離職的念頭，許多上班族都是像這樣隨波逐流。

不過，如果能善用對現況的不滿，這種想要改變的「迫切感」，正是讓自己做出改變的轉機。正所謂「窮則變，變則通」，唯有身處在痛苦中，才會產生勇於改變現況的力量。但這種迫切感沒有方向，只有在方向明確時，這股力量才會化為前進的動力。而「我」正是能為這股力量指引方向的人。這就是為什麼必須要先認識自己，了解「我是什麼樣的人？」

職涯煩惱的關鍵

在青少年時期，我們為了確立職涯方向，最先問的問題是：「我想從事什麼（What）工作？」我們有太多的選擇，選擇越多時卻越不自由，反而會引發混亂和無助感，這就是所謂的「選擇障礙」。這世界的工作有上千上百種，我們不可能了解每一種工作的性質，因此自然而然會透過父母、老師、學長姐等旁人的建議和意見去了解，也會受到社會趨勢的影響。例如，我們常會依據「專利師這份工作前景相當看好」這種片面資

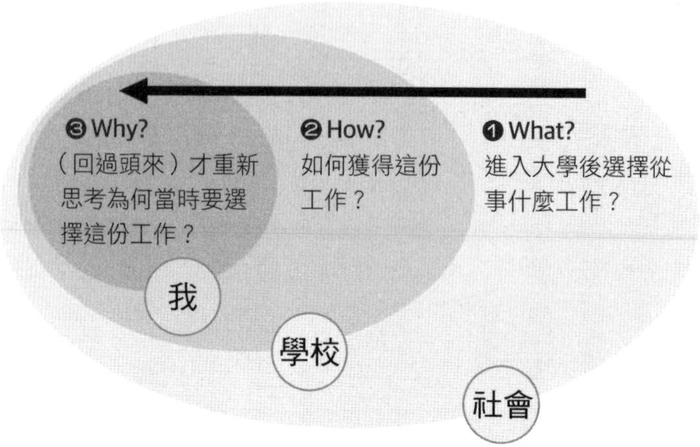
❸ Why?
（回過頭來）才重新思考為何當時要選擇這份工作？
❷ How?
如何獲得這份工作？
❶ What?
進入大學後選擇從事什麼工作？
我
學校
社會

圖3　由外而內的職涯煩惱

訊，而決定未來的工作。接著，開始煩惱如何（How）獲得這份工作？讀哪所大學？念什麼科系？考什麼證照？（參考圖3）

這種方式的盲點在於不是由內而外，而是由外而內。由外而內注入的夢想，並不會帶來熱情。對工作有一定程度的熟悉後，就會開始產生「Why」的自我叩問。即使努力成為了夢想的專利師，過了幾年後，也可能會冒出「我為什麼要做這份工作？這份工作不適合我」的念頭，不禁為此垂頭喪氣。平均每過三年，許多上班族會為了該不該離職而陷入煩惱，也是基於同樣的原因。

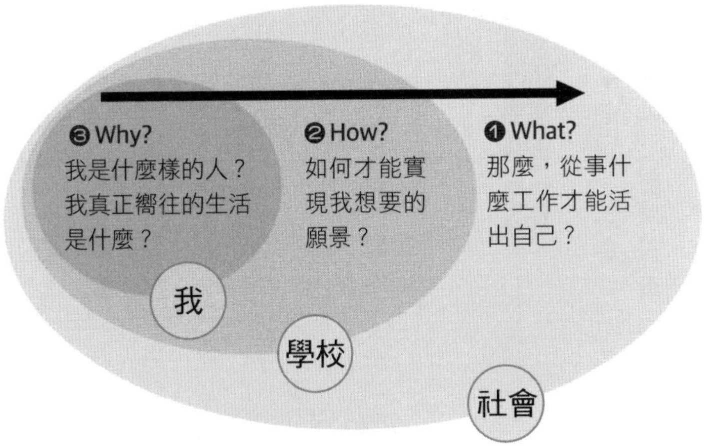
❸ Why?
我是什麼樣的人？
我真正嚮往的生活
是什麼？
❷ How?
如何才能實
現我想要的
願景？
❶ What?
那麼，從事什
麼工作才能活
出自己？
我
學校
社會

圖4　由內而外的職涯煩惱

這種空虛感，源自於沒有從根本的問題開始問起。

我們應該反過來問，問自己「想做什麼工作（What）」前，先問「為什麼（Why）」。為什麼這份工作會吸引我？為什麼我想成為那樣的人？透過自我叩問的過程，慢慢發掘自己的內在。所有的職涯探索，都必須回歸到源頭「我」身上（參考圖4）。當問題不是由外而內的探討，而是由內而外的延伸時，才能扎穩根基後茁壯成長。職場上大部分的上班族之所以會隨波逐流，原因在於他們並沒有由內而外的探索自我，而是單純從外在的角度看事情。

雖然表面上看起來是不同的職涯煩惱，但最終都會回歸到根本問題——「我是誰？」職涯煩惱的本質，在於不知道自己真正擅長什麼。來找我諮詢的A和B，他們的職涯發展之所以不同，正是源於對「自我認知」的不同。

正如科學家湯瑪斯．孔恩（Thomas Kuhn）所說，「我們得到的答案，取決於我們提出的問題。」想要開始嶄新的生活，就需要問自己新的問題，問自己：「我是誰？」、「我真正嚮往的生活是什麼？」透過自我探索的過程，我們才能真正重新開始。試著透過這本書，對「我」拋出提問吧！誠如詩人里爾克（Rainer Maria Rilke）所言，如果你熱愛提問並擁抱問題，總有一天你會發現，自己就在問題的答案裡。

POINT

- 問自己「想做什麼工作（What）」前，先問「為什麼（Why）」。
- 職涯煩惱的本質，在於不知道自己真正擅長什麼。

迎接嶄新的未來

一八七二年，美國西維吉尼亞州的塔爾科特鎮上正在進行隧道開鑿工程。當時由於蒸汽機盛行，各種工程機械應運而生，蒸汽鑽岩機便是其中之一。在塔爾科特鎮的隧道工程引進蒸汽鑽岩機後，引起了工人強烈反彈，工人們無法接受用機械代替人力。根據傳說，當時工地力氣最大的約翰．亨利（John Henry），決定要與蒸汽鑽岩機一較高下，他想證明人類比機器更強大。

人類與機器的對決，就在山前展開。比賽的方式是看誰可以先鑿穿隧道，抵達另一端。蒸汽鑽岩機從右側進行開鑿作業，約翰．亨利則從左側開始。

起初，機器大幅領先，但亨利使出渾身解數拚命追趕。在整場比賽過程中，山的兩側有無數碎石漫天飛舞，機器與人類展開了一場激烈的廝殺。經過整整二十四小時的隧道開鑿競賽，約翰・亨利最終以些微之差險勝。夥伴們為他高聲歡呼，然而勝利的喜悅只是曇花一現，精疲力盡的他旋即倒下，第二天便與世長辭。由於比賽過程中他完全沒有休息，因為工作過度導致過勞死。這個故事在後來廣為流傳，它展現了工業時代到來的巨大改革難以阻擋。從那時起，原本需要仰賴人力的工作，迅速被機器取代。在那之後，人們從勞力工作轉為勞心工作。藍領時代沒落，白領時代就此崛起。

人工智慧與第四次工業革命

如今，約翰・亨利與機器對決的故事再度上演。人類與機械的角力賽，已從單純的力量之爭，拓展至智能領域。時值二十世紀的一九九七年，西洋棋世界棋王加里・基莫維奇・卡斯帕羅夫（Garry Kimovich Kasparov）輸給了IBM的超級電腦「深藍」（Deep Blue）。二〇一一年，人工智慧程式華生（Watson）擊敗了益智問答節目最長優勝紀錄保持者——肯・詹寧斯（Ken Jennings）。緊接著在二〇一六年，Google研發的圍棋電腦程式AlphaGo，也接連戰勝了韓國棋王李世乭和世界圍棋冠軍柯潔等人。圍棋曾被認為是電腦AI永遠不可能戰勝人類的領域，但現在居然也被擊潰。二〇一九年，年僅三十七歲的李世宣布隱退，一般圍棋選手的職涯巔峰期平均落在四十歲，選擇在這之前退休，是非常罕見的。最近他在綜藝節目上坦承，自己的確是受到AlphaGo的影響，因此決定提早退休。機器不僅可以取代勞力，也能取代思考的時代已經來臨，面對人工智慧浪潮的來襲，未來人類該如何自處？

所幸，人工智慧並非對所有知識領域都會造成威脅。到目前為止，人工智慧能夠駕馭的範疇，仍以理性和邏輯為主。值得關注的是，像西洋棋、圍棋、益智問答競賽等……這些都是由掌管邏輯思維的左腦決定。反之，掌管感覺和圖像的右腦，則不容易被電腦取代。因此，人類的勞動將從左腦轉移至右腦領域，這點無庸置疑。國際知名未來學者丹尼爾・品克（Daniel H. Pink）曾提到引領未來趨勢的六大關鍵能力，分別是：設計（design）、說故事（story）、整合（symphony）、關懷（empathy）、玩樂（play）、重視意義（meaning），而這六種能力均由右腦掌管，未來社會將進入人工智慧無法輕易模仿的創造力時代。

然而，這種創造力並非只能發揮在工作上。身處在新世代中，甚至連工作也是被創造出來的對象。雖然許多工作被人工智慧取代或因此消失，卻也創造出許多新的工作機會。

由於網路蓬勃發展，促成了「自媒體」的興起。消費者的需求也變得更加分散，逐漸形成各種不同的消費渠道。除了Youtube創作者或APP開發商等網路科技相關領域，最近也紛紛出現像是「精釀啤酒專家、寵物訓練師、飲控教練、農村導覽員」等各種新興行業。

相對於傳統職務類型，企業也出現許多新職缺，透過職等制度簡化、常態式運作的專案小組（TFT）以及敏捷式專案管理（Agile）等政策，可以更有效地進行個別化人力資源管理。就連員工的職涯發展計畫（CDP）也有很大的轉變，最具代表性的例子，就是多了一條「專家之路」。過往想要成為高階主管，必須擔任管理職（一般管理）或專案經理，現在只需要在一個領域成為專家（高階技術），就能晉升到高階。冠上「師」字輩或「○○專家」的頭銜，除了享有高階主管待遇，也比較不需要負責組織管理，只需要專注在專業領域的研究上即可。

這些例子充分顯示了在這個時代，只要你夠專業，就可以創造出自己的工作，而不是勉強擠進職場窄門而已。正如世界管理哲學之父查爾斯·韓第（Charles Handy）強調：「這是我們有生以來，第一次有機會可以創造出適合自己生活的工作，而不是為了工作調整我們的生活。」那麼，職涯策略也應該具備創造性，不是嗎？

壽命延長和常態性結構調整

平均壽命的延長儼然已是大趨勢，「壽命延長」這件事影響的層面擴及了所有領域。過去兩百年內，人類的平均壽命每十年增加兩歲以上，隨著醫療技術進步，至少在未來的幾十年裡，壽命延長的速度預期還會持續加速。如今，百歲人生已日漸成為現實。根據刊登在醫學期刊《刺胳針》（*The Lancet*）上的論文，先進國家裡在西元二〇〇〇年以後出生的人，超過一半以上都能活到一百歲以上。以目前的時間點（二〇二〇年）來看，四十歲的人活到九十五歲以上的可能性已達過半。按照這種趨勢，目前二十來歲的年輕人到了二〇四〇年左右，將會成為社會中堅，平均壽命也可能超過一百歲。

除了平均壽命延長，未來提早退休的趨勢預計會更加速成長。自一九九八年亞洲金融危機後，我們的社會進入了常態性結構調整時代。根據調查結果顯示，國內大企業五十歲以上的員工占比不到百分之五，大學新鮮人當上高階主管的機率僅千分之五。事實上，超過五十歲沒有當上高階主管的人，應該可以斷言是被淘汰掉了。如果你是上班族，即使不看統計數據，光看自己身邊的例子，也已充分說明了一切。

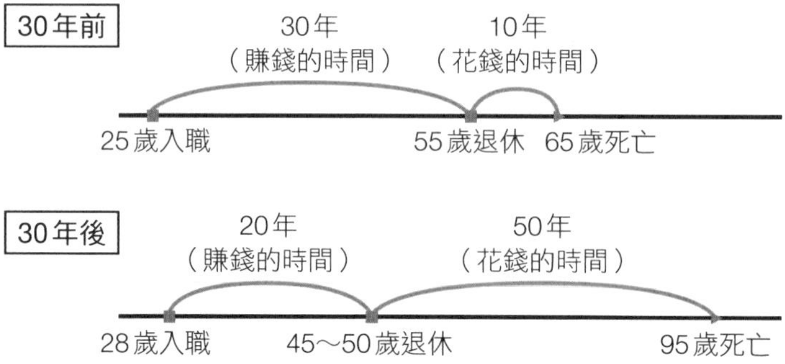

圖5　上班族在職時間與平均壽命的變化趨勢

我們的壽命多長，決定了我們必須工作多久。上一輩的人大學畢業後，可以在職場上工作三十年。退休後用退休金開一間小店，邊養育子女成家立業，邊度過晚年生活，是大多數人的生活模式。現在情況不同了，以二〇二〇年現階段的時間點而言，平均退休年齡是四十九歲（無論是自願退休或被裁員），如果你可以在職場上工作到四十九歲，那已經是非常幸運的事了。

當四十九歲左右畫上職場生涯的句點後，未來餘生要度過的時間，幾乎等同於活過的歲數。離開職場後，往後四、五十年的歲月該如何度過？可想而知，光靠國家提供的津貼或養老金是不可能的，即使手邊有儲蓄也難以支撐開銷。如果退休後沒有規劃好要做什麼，顯然會過得很辛苦。「平均壽命延長」和「提前退休」的趨勢，將徹底翻轉職場的定義。目前身處的職場，只是人生中「暫時」停留的地方。

在現今社會中，即使退休後也還要再工作三十年，因此必須做好「五十年的職涯規劃❷」。

網路經濟效應

從十歲開始彈吉他的「吉他神童」鄭晟河，二〇〇六年將彈吉他的影片上傳到Youtube後，成為韓國史上第一位影片點擊次數破億的Youtuber。暢銷書《九〇年級生來了》曾因文在寅總統贈書給青瓦臺❸所有員工，因而紅極一時，這本書最初是源於寫作平臺Kakao Brunch的連載文章〈九級公務員世代〉，作者林弘澤原本是平凡的上班族，突然搖身一變成為暢銷書作家，再刷超過一百刷。筆名「普通」的網路漫畫作家，以「我只是

❷ 這裡的五十年職涯規劃，是指退休前工作二十年，加上退休後還要工作三十年，因此必須做好共五十年的職涯規劃。

❸ 為南韓的總統府。

麵店老闆的兒子」為主題作為創作靈感，離開大公司後的他，當了好一陣子無業遊民後，因緣際會下在推特（Twitter）上傳了幾張圖片後，開始步上網路漫畫作家之路。當你擁有足夠的專業能力，透過網路就能輕易與市場接軌。

網路經濟效應僅適用於某些人嗎？並非如此。最近的求職者們絕大部分都是透過Wanted、LinkedIn（領英）、CakeResume、一〇四人力銀行等求職網站找工作和轉職。透過接案平臺「PRO360達人網」為自己創造第二份收入的接案者，平均每月正職收入為四．四萬元，而平均每月接案收入為一．六萬元，相當於透過接案為自己加薪了三六%❹。想要創作電影或舞臺劇的人，也可以藉由群眾募資的方式，比以前更容易籌措到資金。夢想成為作家的人，則可以透過寫作平臺「方格子Vocus」發表文章，作為測試自己才華的舞臺。想要創業或自己獨立接案的人，也可以透過PRO360達人網、Tasker出任務等網站尋找案源。

人類發明出來的產物：網路和智慧型手機，反過來改變了人類全體的生活。新的科技經濟型態讓個體戶得以與市場接軌，持續累積獨特專業性的個體戶，才能真正享受到「選擇自己所愛」的樂趣。但在此之前，必須先滿足一項條件，那就是「找到自己喜歡且擅長的事情，並加以善用」。在《年輕Youtube富豪》一書中，訪問到許多成功的Youtuber們，幾乎每個人都表示自己成功的祕訣，是因為選對了自己喜歡且擅長的主題。

沒有所謂的夢幻職業

就目前觀察到的未來趨勢，對職涯有何影響？可以確定的是，在組織內工作、迅速升遷，顯然不再是成功的保證。對組織的忠誠比個人才能更重要的觀念已經過時，為了工作隱藏自己的個性，壓抑真正想做的事，只能當職場附屬品的時代正在沒落。如今，發掘自我建立個人品牌，並透過網路直接銷售的時代已來臨。此外，我們更可以把二十年的職場生活當成修練場，藉此強化未來市場銷售的專業能力。

雖然過去相當盛行「終身職」的概念，但事實上這概念也已經落伍了。從事同一份工作到四十歲，登上職涯巔峰後開始走下坡的鐘形曲線（Bell Curve），儼然已是過去式。

---

❹ 資料來源：加薪免靠老闆?! PRO360 達人網調查：臺灣斜槓族收入多三成六！（https://www.pro360.com.tw/blog/2021_mar_press_questionnaire/）

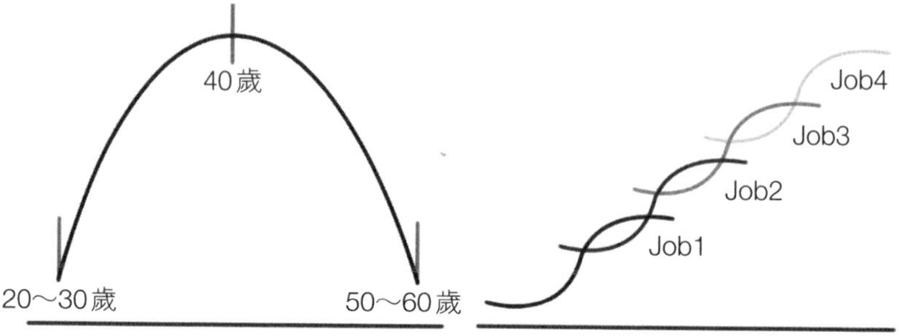

圖6　傳統職涯曲線（左）及未來職涯曲線（右）

管理學者塔瑪拉・埃里克森（Tamara Erickson）建議用排鐘曲線（Carillon Curve）呈現未來職涯規劃，如圖6右側所示，排鐘曲線是把好幾個鐘形曲線串連在一起的樣子，象徵在目前工作的職涯巔峰來臨前，先為下份工作做準備，不斷轉換跑道，這也是獨立工作者所嚮往的工作模式。

關鍵重點在於，必須將自身的專業結合其他領域後做出改變，開創屬於自己的職涯能力。對獨立工作者而言，重要的並非工作經歷，而是「工作經驗」。獨立工作者是這麼想的：

雇用我吧，因為我是這個領域的專家，但如果你不雇用我也沒關係，因為會有其他市場需要我。就算沒有人雇用我也無妨，因為我可以自立門戶，我就是自己的老闆。

成為獨立工作者的先決條件在於認識「自我」。雖然仍有備受矚目的趨勢和夢幻工作的說法，但在比任何時候都還要漫長的百歲人生中，趨勢會不斷改變。沒有所謂的夢幻工作，有的只是熱門工作而已。在未來，對自我的理解會比追求熱門工作來得更重要。投入喜歡的工作、樂在工作的人，就能站在世界的中心。

等別人都醒覺了，才後知後覺的人不夠聰明；但真正愚昧的人是「不知不覺」的人。未來正在改變，無論時代如何變遷，未來是由深入了解自己的人所創造的。

POINT

- 如今已經是退休後也還要再工作三十年的社會，因此必須做好「五十年的職涯規劃」。
- 未來職涯的重點在於，將自身專業結合其他領域後做出改變，開創屬於自己的能力。
- 對獨立工作者而言，重要的並非工作經歷，而是「工作經驗」。

後疫情時代的職場變化

二〇二〇年一場疫情席捲全球，由於病毒形狀呈現王冠般的尖刺，故以西班牙語中象徵王冠一詞的「Corona」命名。與SARS、新型流感、MERS相比，新冠肺炎的傳染力極高，致死率也是居高不下，因此醫學專家認為新冠疫情與十四世紀席捲歐洲的黑死病，可說是有過之而無不及。當然，在與病毒對抗的戰爭中，人類終將會戰勝病毒。然而，如同歷史驗證，這過程中人類的生活會發生劇烈變化，隨著生活型態改變，也必然帶來社會和經濟型態的轉變。

黑死病不僅大幅改變了政治和經濟，歐洲社會結構也出現了很大的變化，例如人口急遽減少造成勞動人口萎縮、地主階級沒落、封建制度瓦解。為了避免感染風險，人們彼此避不見面，集體意識越來越薄弱，取而代之的是個人主義越來越強大，在這場瘟疫中倖存的人們，知道自己總有一天會死，於是不再壓抑和節制，沉溺在世俗的慾望中，也因此帶動了以時尚和飲酒為主的商業活動蓬勃發展。那麼新冠疫情過後，世界又會變得如何呢？

彈性工作型態與失業潮

首先，許多未來學者指出疫情改變的不是趨勢方向，而是「速度」。與其說疫情創造出新的趨勢，倒不如說是讓過往已存在的趨勢加速進行。著重於零接觸式科技發展的第四次工業革命，在疫情需求的催化下加速成長。原本預計要一段時間後才會問世的技術，也開始陸續步入商業化階段。此外，人工智慧取代人類工作的速度加劇，透過網路延伸出的「宅經濟」也飆升至前所未有的水平。這場疫情雖然造成許多人傷亡，導致平均壽命暫時縮短，但長遠來看，隨著醫療及製藥技術急遽成長，反而有望加快壽命的增長速度。

由於同時存在急遽成長和大幅衰退的兩種領域，使得經濟呈現「K字型兩極化」的狀態。醫療、製藥、零售、電子商務、遠距貿易等領域加速成長，但另一方面，服務性質高的行業以及與海外旅遊等相關領域受到重創，需要相當的時間才能復甦。個人收入也一樣無可避免地呈現兩極化現象，從事服務業、中小企業、自營業的人們收入銳減，其中越是底層的人收入越低。

也有不少人臆測，就像黑死病摧毀封建體制，迎來共和主義時代來臨一樣，預期將會出現新的政治制度。這個觀點是基於對資本主義的反省，認為新型冠狀病毒是因為人類欲望不斷擴張所造成的，象徵著如果坐視不管，任憑資本主義肆虐，反過來會變成吃人的野獸，「野獸資本主義」也許將會從歷史的舞臺退下，出現新的體制也說不定。由此可見，新型冠狀病毒的影響力不容小覷。

然而，在後疫情時代中，我們必須了解的是對個人職涯的微觀預測，而非宏觀願景。經過疫情肆虐後，上班族的生活會有什麼轉變？我們應該做好哪些準備？

關鍵在於，未來辦公模式將會變得更有彈性。雖然遠距工作模式在疫情爆發前就已經存在，但企業並未積極採用，現在卻被迫不得不採用。許多專家預測，即使在新冠疫情結束後，爆發致命傳染病的機率會越來越頻繁。此外，一旦習慣了生活模式的改變，也難以回到舊日的常態。

當然，並非所有行業都可以在家工作，遠距辦公的工作效率一直是備受爭議的話題。不過，多數上班族認為在家工作並不會影響工作效率，甚至覺得居家工作好處更多，不但可以減省開銷，心情也比較好。以ＳＫ電訊公司為例，他們曾對員工進行問卷意見調查，六三．七%的人認為「遠距工作比平常更有效率」，也有不少人認為在家工作可以減少不必要的會議，反而更能專注於工作。在OECD[5]幸福生活指數墊底的韓國，若能因為居家工作減少通勤時間（首都圈通勤時間平均一小時又五十五分鐘），想必幸福指數一定會大幅提升。

以企業的角度而言，居家上班其實也有許多好處，除了可以節省辦公室租金和開銷等營運成本，員工滿意度也會提升，有效降低離職率，對重視工作與生活平衡的千禧世代年輕人來說，也會是具有吸引力的企業。事實上，疫情爆發後採取遠距工作模式的韓國企業，在二〇二二年上半年「最嚮往企業」調查中排名急遽竄升。此外，遠距工作可以不受地區限制，招募全國各地人才，同時也可以雇用能夠兼顧育兒和工作的優秀人才。如果這種工作模式是大多數員工想要的，對公司也有利，沒有理由不採用遠距工作模式。很早就

---

[5] 經濟合作暨發展組織（Organisation for Economic Cooperation and Development，簡稱 OECD），目前共有三十八個會員國。經合組織也是世界上最大和最可靠的全球性經濟和社會統計數據的來源之一。

採用居家辦公模式的推特前執行長傑克・多西（Jack Dorsey）曾對員工們說：「想在家工作多久都可以。」臉書（Facebook）執行長馬克・祖克柏（Mark Zuckerberg）也表示「未來十年內，一半以上的員工會在家工作。」居家辦公的趨勢未來也會持續下去，同時物理距離也會影響心理距離，隨著居家工作潮流的發展，人們對職場的忠誠度也會降低，僱用型態將會變得更加多元。

然而，令人深感遺憾的是，無可避免的大規模失業潮，是新冠肺炎疫情造成的另一項重大變化，已有許多人因此失去工作。截至二〇二〇年十一月，在韓國領取失業補助的人數已攀升至六十萬名，是前年的一・五倍。所幸，翌年九月由於疫情趨緩，此數據開始呈現下滑趨勢。不過，這項統計數據是針對有投保就業保險的人口所統計而成，並未涵蓋自營業者、自由工作者和特殊從業人員等在內，因此實際上疫情對就業市場造成的衝擊更大。尤其是美國，情況更為嚴峻。截至二〇二〇年七月，新增失業人口數逼近四千萬人，超過總就業人口的二〇％，意味著每五個人當中，就有一人受疫情影響而失業。在未來，因為新冠肺炎疫情造成的失業問題和就業不穩定現象會越來越嚴重。在這種情況下，繼續懷抱著「會不會被公司裁員」的擔憂，是很危險的想法。比起依賴公司，應該要替自己思考替代方案。許多企業面臨突如其來的考驗，都在想盡辦法努力度過難關，但倘若銷售急遽下滑，企業也一定會優先考慮裁員。

許多未來學家表示，這場疫情讓人類陷入前所未有的困境，疫情結束後的經濟景氣更是難以預測。先前在面臨ＩＭＦ事件或金融風暴❻等經濟衰退狀況時，基本上都還是維持原本的經濟結構，只有一小部分有所改變。然而在歷經疫情洗禮後，供需市場和消費結構受到巨大衝擊。面對這種「看不見的未來」，最好的因應之道就是「果斷力」。彼得・杜拉克（Peter Drucker）曾說過：「預測未來最好的方法就是創造它。」我們必須累積厚實的專業能力，才能開創自己的未來。專業能力之所以如此重要，在於無論世界如何變化，最終還是必須靠自己最擅長的能力，才能具備核心競爭力。

❻ 指受一九九七年亞洲金融風暴影響，南韓經濟受到重創，失業率急速攀升，外匯舉債三〇四億美元，韓圜一年內貶值三成。於當年年底，南韓宣布破產，與國際貨幣基金組織（IMF）簽署援助協議，雙方簽訂合約的十二月三日更被韓國人視為「國恥日」。

千禧世代的影響力

另一個被許多人忽略的大趨勢是千禧世代族群，指的是一九八〇年代初期到二〇〇〇年代初期出生的人，年紀最大不過三十多歲，這世代的人口數已占據了一半以上的員工比例。在未來的四到五年內，七〇%以上的上班族將以千禧世代為主，企業文化也會因應這世代重視的價值觀重新調整。

千禧世代最大的特徵是重視「工作與生活平衡」和「工作樂趣」，同時對數位科技領域也很擅長。實際上，對千禧世代的上班族而言，工作與生活平衡始終是他們評估工作的首要標準。也就是說，比起薪水高低，他們更在乎幾點可以下班。此外，千禧世代希望能在工作中感受到樂趣和意義。這也是為什麼他們好不容易擠進就業窄門，卻在進公司不到一年就離職，正是因為感受不到工作的樂趣與價值。

每個世代的價值觀都深受青年期的「世代經驗」影響。年輕時經歷過經濟衰退和建設新鄉村運動[7]的「嬰兒潮世代」，會以出人頭地為目標導向；經歷過五一八光州事件[8]等民主化運動的「三八六世代」[9]，對政治較為熱衷；受到文民政府[10]和徐太志[11]影響的「X世代」，則對文化更感興趣。從另一方面來看，千禧世代的成長背景受到數位科技和網路衝擊，正因如此，千禧世代對網路互動和數位科技更為熟悉，思考方式也較為創新。這項事實顯示，隨著第四次工業革命發展，千禧世代將會在工作上超越資深前輩。因此，千禧世代不僅以人數取勝，更是以強大的工作實力「接管」企業。

對於總是在夢想與生計中掙扎的千禧世代來說，疫情反而是轉機。因為很快地，職場將不會再以加班和應酬作為工作能力考核的標準，而是以實力競爭。在不需要實際接觸的情況下，他們可以更如魚得水，發揮自身能力，並透過新的方法掌握工作，舊有的職場文化也跟著逐漸退居幕後。

疫情帶來的變化、時代大趨勢與千禧世代，這三項合起來造就了「獨立工作者」的巨

❼ 亦稱新鄉村運動或新村運動，是一九七〇年在朴正熙總統主導下所實施的為期十年的農業改革運動。

❽ 又名光州事變、光州民主化運動等，發生於一九八〇年五月十八日至二十七日期間，在韓國光州由當地市民自發的民主運動。南韓前總統全斗煥當時下令以武力鎮壓，造成大量平民和學生的死傷。

❾ 指在一九六〇年代出生，一九八〇年代成長的三十歲人士，相當於臺灣的「五年級生」、中國及港澳的「六〇後」。

❿ 指韓國總統金泳三執政時期，是韓國史上第一個文人執政的穩定民主政府。

⓫ 韓國流行音樂史上最具有影響力的音樂人之一。在九〇年代組成的團體「徐太志和孩子們」，是當時演藝圈的流行指標，被封為韓版麥克傑克森，也被尊稱為「文化大總統」。

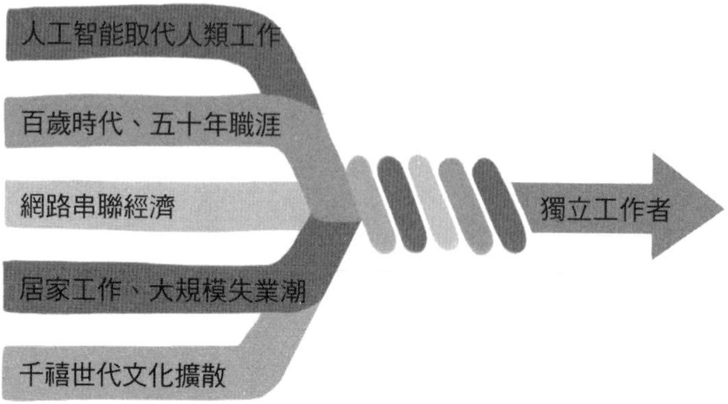

圖7　因應未來的變化，預示「獨立工作者」時代即將來臨。

大浪潮。人工智能取代人類工作、百歲時代、彈性工作環境、大規模失業潮等狀況，都在要求我們成為「在任何環境下都能運用數位科技獨立工作的職業人士」。雖然隨時可能面臨被解雇的危機，但這卻是讓我們可以獨當一面的天大機會。最適合獨立工作者的時代即將到來，關鍵在於我們必須把自己定位為職業人士，而非上班族。

我是上班族？還是職業人士？

如果因為在公司上班，就認為自己是職業人士，那就大錯特錯了。職場是由別人創建的組織架構，但「職業」是指可以在場銷售的特殊專業能力。即使在職場打滾二十年，也不代表具備職場專業。我經常到社福單位講課，對象是符合領取基本生活津貼補助的人（前提是必須接受政府教育訓練，才能領取補助津貼）。令我驚訝的是，他們當中不少人曾經在大公司上班，大部分都是因為用退休金創業失敗，淪落為貧困階級，他們紛紛表示：「跳出舒適圈、離開公司後，才發現自己什麼都不會。」這是殘酷的現實。

藉由以下兩個問題，可以分辨自己究竟是上班族，還是職業人士？首先，第一個問題是：「無論在公司上班或是獨立工作，我是否都能一樣發揮實力？」倘若你曾在家上班，可以檢視自己當時工作效率是否下降？如果答案是肯定的，那表示你不是職業人士，而是上班族。因為越是典型的上班族，就越仰賴公司制度，而非自身能力。此外，第二個問題更加嚴苛：「如果要把自己的專業技術銷售到市場，你可以賣什麼？價值多少錢？」試想，如果要把自己「上架」到線上接案平臺或線上課程平臺，倘若沒有可以銷售的專業，或沒有買家願意付費購買，就表示你還不是職業人士。

為什麼工作二十年，卻沒有可以此維生的「必殺技」？主要原因是在職場上缺乏目標。根據美國神經領導力研究院（NeuroLeadership Institute）指出，人們在職場上工作是基於兩種目的：第一種目的是「證明」（Proving），換句話說，就是證明自己的能力。

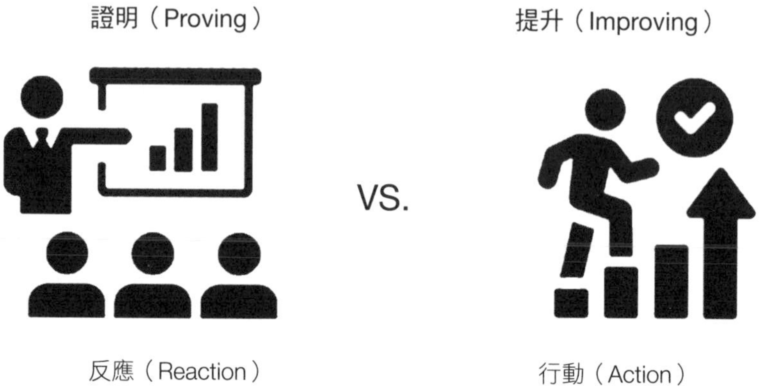

圖8　兩種職場目標導向：證明能力VS.提升實力

抱持著這種強烈目標的人，會不斷想要證明自己比別人更好，因此會更執著於追求升遷或加薪，凡事喜歡與人競爭。另一種目的是「提升」（Improving），也就是把重點擺在提升自己的能力。擁有這種目標的人，比起想要贏過他人，會更專注在自己的領域中獲得卓越成就，著重於跟以前的自己比較，而非與他人較量。

渴望證明能力的人與想要提升自我實力的人，兩者之中誰更專業？當然是後者。急於證明自己的人，比起追求進步，會希望展現更多成果，反而疏於開發能力。這類型的人即使別人沒要求，也總是喜歡好為人師，對後輩下指導棋，或是故意問：「這個你會嗎？」藉此提升自己的地位。這類型的人典型的行為模式是反應（Reaction），他們會觀察主管的臉色，迅速做出回應，對公司氛圍相當敏感，行事小心謹慎。

相反地，追求自我提升的人，包含後輩在內，任何人都是他學習的對象，他會不斷地思考：「怎樣才能讓自己變得更好？」比起被動式反應，他們更傾向於主動採取行動（Action），把握機會掌控工作，逐漸奠定自己的實力。一種是追求認同的人，一種是追求進步的人，兩種動機不同的員工，離開公司後誰能成為獨立工作者？答案不言而喻。職場上驅使你前進的動機又是什麼呢？

POINT

- 疫情帶來的變化、時代趨勢與千禧世代，合起來造就了「獨立工作者」的浪潮。
- 分辨自己是上班族還是職業人士的兩個提問：「無論在公司上班或是獨立工作，我是否都能一樣發揮實力？」「如果要把自己的專業銷售到市場，我可以賣什麼？價值多少錢？」

慢速職涯：獨立工作者的工作策略

一九四八年，一對兄弟迪克（Dick）與馬克（Mac）在美國加州聖博納迪諾開了一間全新型態的餐廳，他們將工廠組裝生產模式導入廚房提升服務速度，並以紙杯和塑膠叉子取代繁瑣的餐具。利用簡單的作業流程，致力於提升美味與服務品質，生產成本降低後，售價也相對低廉。再加上擁有出眾經營能力的商人雷・克洛克（Ray Kroc）加入，麥當勞（McDonald's）這家餐廳成了風靡全美的速食店商業雛形。

如今聲名遠播的麥當勞，其成功關鍵在於順應時代潮流。工業化過後，人們生活變得越來越忙碌，飲食追求快速簡便，同時在美國經濟大蕭條的影響下，消費者傾向選擇平價餐點，速食店剛好滿足了工業化後的這種生活需求。

快而淺 vs. 慢而深

工業化不僅改變了人們的飲食習慣，就連工作模式也截然不同。在農業社會裡，工作速度比別人快並不重要，因為農作物收成大部分是取決於天氣和環境，而非努力。然而，隨著工業化發展，工作可以被細分和量化，也能藉由系統評估和比較工作成果，勞動者因此變成隨時可以被取代的人力資源（human resource），「競爭力」一詞也隨之出現。工作速度必須比別人更快，才能在職場上存活下來。受到工業化影響，「快速職涯」趨勢油然而生。

速食會危害健康和味覺，快速職涯也會導致職業倦怠及破壞生活平衡。就像長期食用速食餐點，會對刺激性味道和調味料上癮，變得重口味；快速職涯也會因為執著於追求升遷、加薪等外在獎勵，造成自尊感低落。最可怕的是，一旦習慣速食餐點，可能會失去進食的樂趣，食物淪為維持身體機能的「燃料」。快速職涯也同樣剝奪了工作中的樂趣和存在感，工作變成「謀生」的手段。或許因為人們逐漸發現追求速成的危險性，一九八六年麥當勞進軍義大利羅馬時，人們在義大利舉著找回進食樂趣和恢復健康的旗幟，掀起了一

速食	慢食
• 速度導向：大量生產、標準化 • 刺激性味道及快速攝取 • 對味覺及健康造成危害 • 食物＝燃料	• 品質導向：小量生產、多樣化 • 品嘗食物的美味及享受用餐 • 恢復味覺和健康 • 食物＝進食的樂趣
快速職涯	**慢速職涯**
• 追求高度：速度與競爭 • 薪水、升遷等外在獎勵 • 重視公司，產生職涯倦怠危機 • 工作＝謀生的手段	• 追求深度：方向與專業能力 • 純熟度、價值感等內在獎勵 • 重視獨立，追求工作與生活平衡 • 工作＝自我實現的方式

表1　快速職涯與慢速職涯的特徵比較

波新飲食生活運動。這項風氣擴散到世界各地，造就今日的慢食運動（Slow Food）。人們意識到必須放慢步調生活，才能過得更幸福健康。

除了飲食習慣外，現在我們需要改變的是工作習慣。重要的並不是在職場中爬得多快、多高，而是忠於自己及樂在其中，以自己的方式做自己喜歡且擅長的工作。慢速職涯的目標在於追求深度，逐漸累積自己的實力，培養獨當一面的能力，這也是大多數獨立工作者採取的策略。如果說快速職涯的終極目標是追求「勝利」，那麼慢速職涯的策略則是：雖然偶爾會失敗，但最終的目的是讓輸贏變得無關緊要。

在公司內培養專業能力

本書對「慢速職涯」的定義如下：

> 長期在公司內藉由適合自己的工作鍛鍊獨當一面的經驗。

首先，慢速職涯是以「長期觀點」看待工作。大部份上班族無論是出於自願或非自願，在屆齡退休，不得不離開職場的五十歲後，在往後的三十年必須靠自己的力量謀生。如果離開職場後，沒有穩定的工作，這段時間會變得很難熬。慢速職涯意味著發掘自己的天職，不斷追求進步和磨練的過程。

第二，慢速職涯是一種在公司內部鍛鍊實力的策略。尤其對有家庭的人而言，貿然離開職場並非明智之舉。許多人在尚未累積厚實專業能力的狀況下，離職後投入連鎖品牌的加盟，但根據統計，超過一半以上的店會在三年內倒閉。我們應該先在公司的體制內找到自己的專業能力，再進一步深耕。然而在深耕前，需要經過「鑽探」的過程。唯有在公司內嘗試執行各種不同工作，深入了解自己的特質，才能找到適合自己的工作。像這樣經過測試後找到的項目，才需要進一步策略性深耕。

幸運的是，對於方向明確的人來說，職場也可以是一間好學校，在能夠獲得報酬的狀況下，累積相關工作經驗。同時在職場上遇到各式各樣的人，透過從事不同工作內容，也能發掘自身潛能。獨立工作者會把公司當作修煉場，迅速培養自己的專業能力。

第三，慢速職涯充分地把「做自己」發揮到淋漓盡致。如果喜歡卻不擅長，無論做任何事情都難以達到卓越。我們進行自我探索時，至少需要三種觀點：我擅長什麼？（天賦）、做什麼會讓我有活著的感覺？（渴望）、我想透過工作實現哪種價值？（價值觀）這三個問題的核心焦點正是「自我」。

《人類大歷史》（*Sapiens*）作者哈拉瑞（Yuval Noah Harari）曾說過：「沒人知道世界到了二〇四〇年會變成什麼樣子，而我們如今所學的，大部分都會變成無用之物，唯一有用的知識就是對自我的了解。」正如他所說，未來將掌握在深入了解自己的人手上。

獨立工作者擅長洞察問題

慢速職涯最終的目標是「自立」。我指的並不是一定要離開公司創業、自立門戶，獨立工作者即使在公司內也能培養獨當一面的能力，學會自主、自立，意指在解決問題之前，懂得先洞察問題。

我們不管做任何事，都會歷經「What（掌握問題／機會）→How（導出方法）→Do（執行）→Check（驗證結果）」的過程。其中，「What」可以說是最困難，卻也是最重要的一環。大多數的知識工作者都把焦點擺在「How」的方法論，但管理階層人員則是著重於洞察「What」。就像頂尖球員很少能成為頂尖教練，工作能力出色的員工也不一定能成為卓越管理者，這是因為How與What的觀點截然不同。

兩種觀點的差異可以比喻成學習和研究。根據我在KAIST實驗室長期觀察的結果，成績優秀的人不一定能寫出好論文。因為學習是針對既定的問題找到答案，但研究卻是從推導出問題本身開始。如果說學習是沿襲領域，那麼研究就是開創領域，這就是專家和職業

類別	上班族 （以How為中心）	獨立工作者 （從What到How全部過程）
專業領域	專家	職業人士
一般管理	行政人員	企業家

表2　上班族與獨立工作者的差異

人士的區別。

專家雖然擁有專業知識，但缺乏創造工作機會的能力；職業人士則是善於發掘機會，能獨立主導專案。在經營管理方面也是如此，大多數管理者雖然了解組織經營的方法，是負責執行的行政人員，卻很少人能成為握有公司經營權的企業家。獨立工作者是指具有獨立工作能力，能為自己創造工作的人。

慢速職涯聽起來似乎頗有道理，但你可能會質疑，慢速職涯可以獲得成功嗎？我想反問你，採取快速職涯策略，真的就比較容易成功嗎？誠如我們所見，極少有員工能被提拔到高級管理層，年薪百萬以上的高薪族群也僅占四．三％。此外，在那些擁有亮眼工作經歷的人中，也鮮少有人在離開公司後，依然能扶搖直上。即使年薪數百萬，如果退休後無事可做，整體的平均收入也會大幅降低。相反的，即使現階段薪水不高，但持續培養自己的實力，在退休後一樣能靠實力繼續賺錢，相對地整體平均收入就會提升。以長遠的角度來看，採取慢速職涯策略獲得成功的可能性，絕不會比快速職涯來得低。

可以確定的是，慢速職涯是一種長期發展策略。然而，要成為獨立工作者，需要時間的磨練。正如一顆種子開花需要歷經四季更迭，獨立工作者也必須經歷成長的過程，才能變得成熟穩健。每朵花開花的時間點不同，每個人也有自己的步調。慢速職涯正是以自己的步調成長，走出一條屬於自己的道路！

POINT

- 慢速職涯的定義是「長期在公司內藉由適合自己的工作鍛鍊獨當一面的經驗」。
- 慢速職涯與快速職涯的不同，在於以「長期觀點」看待工作，是一種在公司內部鍛鍊實力的策略，並且是一種充分地把「做自己」發揮到淋漓盡致的職涯類型。
- 獨立工作者是指「具有獨立工作能力，能為自己創造工作」的人。

獨立工作者的三大核心能力

一名選手拿著球棒站在打擊區，投手把球投進好球帶邊緣，一好球！居然錯過了這麼好的機會……在一旁的觀眾和教練，不禁感到惋惜。投手再度投出第二顆球，這顆球朝著好球帶正中央位置飛了過去，是一次絕佳的打擊機會。投手高喊一聲：「哎呀！」教練原以為打擊手會揮出一支安打獲得一分，沒想到，他竟然沒有揮棒！

教練終於按捺不住破口大罵：「你到底在等什麼？都投這麼好的球給你了，你還在等什麼？」

站在打擊區的選手喃喃自語地說道：「我在等什麼？在等二十五號的到來啊！」

每個月二十五號，是他領薪水的日子。

對上班族來說，最期待的就是發薪日，並不是因為薪水有多高，而是因為如果連薪水也領不到，職場生活就變得毫無價值可言。日復一日重複著無趣的工作，既沒有意義又不快樂。面對老闆無理的要求，滿腹辛酸無人能懂，當工作壓力達到臨界點時，在薪水入帳的那一刻，就能再次咬牙挺過去。

然而，「發薪日」或許能讓人熬過水深火熱的職場生活，卻無法喚起已經冷卻的熱情。當目前的工作看不見未來，也沒有機會可以發揮潛力時，我們的熱情就會慢慢消退。雖然交辦的工作還是會照做，但不會再多做其他的事。對於只是公司附屬品的上班族而言，熱情或許是一種奢侈。

我可以用一個簡單的問題確認你對工作是否懷抱熱情：「你願意花錢投資在目前的工作嗎？」

我們會心甘情願地把錢花在自己喜愛的事物上，好比兩名正在登山的男子，一位是熱愛爬山的登山客，一位是為了到山頂上賣飲料的小販。即使兩人的背包重量差不多、登山路線相同，登山客是花錢買門票邊哼歌邊爬山，小販則是在爬山時怨聲載道，恨不得趕緊到達目的地。假如你完全不想花錢投資在目前的工作，那就表示你目前的工作只是為了賺錢糊口。即使需要花錢，也想要從事目前正在做的工作，那就代表你熱愛這份工作。

讓上班族哭笑不得的現實

一名曾經在大公司擔任部長的中年男子，被公司裁員後準備二度就業。當他走進考場，面試官問他：「請問你的專長是什麼？」男子自信滿滿地回答：「我的專長是當部長。」

雖然聽起來很搞笑，但在現實的面試場合，確實偶爾會發生像這樣令人哭笑不得的事。即使在公司工作超過十年，卻沒有拿得出手的專業能力，也沒有任何耀眼的成績。許多上班族只是位居管理職，完成別人交辦的工作，卻沒有好好替自己的職涯鋪路。試著問問自己目前為止已問過很多次的問題：「退休後的三十年，我賴以為生的技能是什麼？」

事實上，能坦然回答出來的上班族可以說是寥寥無幾。因為大部份的人只是在頭腦想想而已，並未認真地找出解決對策。等到邁入面臨轉職危機的四十歲時，才開始擔心會不會丟掉工作，為此感到戰戰兢兢。從原本「不知道這份工作到底要做多久」的抱怨，轉為「不知道這份工作還能做多久」的擔憂。因為深知一旦離開系統，齒輪就失去作用，只能被遺忘在倉庫一隅。

既然如此，追求迅速晉升高位的意義似乎不大。登山時爬升速度越快，罹患高山症的風險越高。爬升的速度越快，往往跌下的速度也越快。有句話說：「爬得越高，死得越快。」並非無稽之談。高階主管平均任期約五年左右，在公司職位越高，績效若是變差，越快被取代。

以此來看，比起追求快速升遷，奠定基礎功力的慢速職涯是否更理想？就算稍微慢了一些，如果能培養屬於自己的職場必殺技，退休後的三十年豈不是更幸福嗎？

我思考，我等待，我齋戒

透過苦行證道的悉達多，突然想要體驗世間上的萬事萬物，於是決定踏入俗世。後來，他前去拜訪大名鼎鼎的商人迦馬斯瓦彌。

商人問他：「你既然一貧如洗，又能付出什麼呢？」

悉達多說：「每個人都可以付出他所擁有的東西。士兵付出力氣，商人付出商品，教師付出學識，農民付出稻穀糧食，漁夫付出鮮魚。」

「此言甚是有理，那你準備付出的是什麼呢？你學過什麼？你會什麼？」

「我會思考，我會等待，我會齋戒。」

「就這樣？」

「我想這些就是全部。」⑫

以上摘自赫曼．赫塞著名小說《流浪者之歌》（*Siddhartha*）的其中一段。不具備任何一項能夠在俗世生存技能的修行者，唯一會做的事情只有思考、等待與齋戒。

儘管如此，迦馬斯瓦彌卻認為悉達多不是普通人，於是決定雇用他。悉達多雖然對做生意一無所知，但他的態度沉著穩重，懂得聆聽別人的意見。無論是商人、債務人、富人還是乞丐，他都能耐心傾聽他們的聲音，並予以同理，也能在他們需要的時候提供建議，有時會送禮物給他們，有時也會上當受騙，卻讓生意越來越蒸蒸日上，再加上悉達多一天只吃一餐，不葷不酒，也不要求高薪。迦馬斯瓦彌對他越來越器重，凡有要事都會找他討論。

只是有一點，讓迦馬斯瓦彌很不滿意，那就是悉達多對做生意很不認真，似乎把商業行為視為遊戲。某天，迦馬斯瓦彌為此大發雷霆，悉達多只是淡淡地對他說：「如果有朝一日你發現：這個悉達多給我造成了損失，那麼你只需要說一句話，悉達多就會走人。」商人企圖讓悉達多相信，他吃的是迦馬斯瓦彌的飯，然而，悉達多卻絲毫不領情，因為悉達多吃的是靠他自己賺來的飯。

悉達多樹立了獨立工作者的典範。獨立工作者吃的是靠自己賺來的飯，而不是別人賞賜的。保有工作的樂趣，靠自己不斷學習，而不是依賴公司。令人意外的是，職場上這樣的人並不在少數。

韓國知名廣告大師朴雄賢、世界展望會援助專家韓碧雅、《九〇年生來了》作者林弘澤，他們是暢銷書作家也是名人，但同時也是每月領薪水的上班族。曾擔任韓國最大的廣告公司「第一企劃」的崔仁雅，在退休後出版了《崔仁雅書房》；曾任中央日報記者和評

⓬ 此段翻譯參照赫曼．赫塞的《流浪者之歌》（楊武能譯，方舟文化，二〇二一）。

論家的李娜莉，創辦了女性職涯發展平臺「Hey Joyce」；離開公關公司的金浩，成立了「支援實驗室」（The Lab H），持續從事寫作和諮詢服務工作，這些人都是在公司工作了將近二十多年，累積自己的專業知識。

即使不是名人，在生活周遭也不難找到像這樣的獨立工作者：「開發表會嗎？可以去請教業務部的陳課長。」、「企劃書寫不出來，就去問企劃部的李〇〇吧！」像這樣成為公司內某個領域的專家，就已經是所謂的獨立工作者。因為他們懂得在公司內不斷累積自己的實力，只要再稍加鑽研，即使退休後也能夠自立門戶。

想要成為獨立工作者，必須培養何種能力？對此，悉達多提出三種能力。

第一，會思考。把目光放回內在，就會發現自己內心那顆閃閃發亮的種子。獨立工作者的第一項能力，就是透過自我叩問，挖掘內在無窮無盡的寶藏。一個深入了解自己的人，絕不會被擊垮。儘管悉達多缺乏足夠的知識，但他知道自己擅長什麼（讓別人感到安心），而光是這點就能打動顧客的心。刺蝟雖然比不上狡猾的狐狸擁有層出不窮的計謀，但刺蝟懂得專注，與狐狸打架時獲勝的總是刺蝟，因為刺蝟會把焦點擺在自己擅長的事情上。透過思考，清楚知道自己的核心能力時，勝利就已握在手中。在下一章節中，我將會進一步說明如何發掘自己的核心能力。

第二，會等待。即使發現了自己的潛力，與其不假思索地遞辭呈離開公司，不如繼續待在公司磨練實力，默默等待時機。公司可以說是一間魅力十足的學校，可以一邊賺錢，一邊嘗試不同的經驗。在擔任各種職務的同時，也能訓練領導能力，也可以透過商業合作，奠基自己的基本功。光靠頭腦思考，無法深入了解自己。在職場上不斷跌跌撞撞鍛鍊自我，顯然能更深入認識自己。在第三章我們將會把公司當成修鍊場，討論在職場上加強專業能力的方法。

獨立工作者最後一項核心能力是「會齋戒」。藉由節制不必要的欲望來克服恐懼。如果你想做自己想做的事而不受金錢束縛，就必須減少固定開銷，降低生活的收支平衡點。將生存欲望和占有欲望確實區分開來後，自然就能減少花費，不會過度消費。除了可以降低開銷，透過齋戒減少不必要的活動、終止消耗性的關係、減少擔憂和焦慮、讓生活變得簡單，我們會活得更自在。此外，節制其實與恐懼息息相關。在第四章中，我們將學會直接面對恐懼，而非被欲望控制。

深入了解自己、等待合適時機並懂得掌控自己的內心，世界上還有比這更重要的能力嗎？擁有這三項能力，職場生活就能更輕鬆自在。無論是離開公司換工作或自行創業，都能無所畏懼地闖出自己的一片天。藉由思考、等待和齋戒這三種能力，就能讓我們成為真正的獨立工作者。

POINT

- 問問自己，你對工作是否懷抱熱情，你願意花錢投資在目前的工作上嗎？
- 想要成為獨立工作者，必須培養的三種能力是「思考」、「等待」和「齋戒」。

2

思考力

發掘內在偉大的自我

職場上如何發掘天職

當上天關上一扇門的同時，必定會為你打開另一扇窗。然而，我們總是望著那扇關上的門黯然傷神，卻沒看見身後那一扇開啟的窗。舊時代的大門正以飛快的速度關閉，是時候轉身拋開過往的職涯包袱，重新開啟一扇名為「自我」的窗。當開啟自我這扇窗時，就能抵達通往天職的大門。

職涯探索：通往天職之路

成為獨立工作者的人們，大多依循著相同的模式，進而逐漸發掘自己的天職。一開始，他們是藉由提問進行自我探索，並閱讀相關書籍，蒐集各種資訊。接著他們會親身試驗，在工作領域中找到這份工作的專家，從專家身上獲得啟發，不斷地從細微處開始嘗試

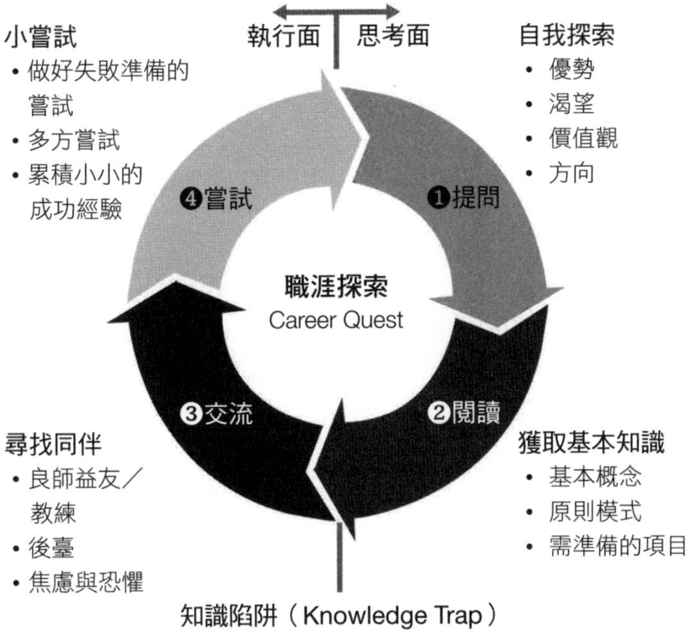

圖9　職涯探索概要

練習，這個過程就稱之為「職涯探索」（Career Quest），探索過程中的提問和閱讀屬於思考層面，與專家交流和嘗試則屬於執行層面。藉由向內自我覺察、向外積極行動的循環模式，能更了解內在「深層的自己」。職涯探索的過程，可分為以下四個階段（見圖9）。

首先，第一個階段是透過「提問」檢視自

我。我建議利用書寫的方式進行思考，當我們把想法寫在紙上時，不僅能整理發散的想法，思緒也會逐漸清晰，進而找到自己的出路。試著認真思考以下與渴望、天賦、價值觀有關的幾個問題吧！

- 渴望——「做什麼事會讓我感覺像是活著？」「我真正想要的是什麼？」
- 天賦——「我擅長什麼？」「我最耀眼的天賦和能力是什麼？」
- 價值觀——「我為何而工作？」「工作中我重視的價值是什麼？」

北美印地安人有種獨特的成年禮「靈境追尋」（Vision Quest），年約十二歲左右的孩子必須離開村莊，獨自前往深山叢林，他們會撿起十幾顆石頭圍成一圈，連續好幾天靜靜地坐在圓圈內，不斷地在心中自我提問。問題不外乎像是「我想要過什麼樣的生活？」、「我可以貢獻什麼給族人？」等。經過幾天的思考，找到自己的答案後，再重返部落。透過這種儀式，讓青少年得以蛻變成為方向明確的大人。

不妨花一個月的時間，在生活中思考上述這些問題。早上起床後先問自己一個問題，直到晚上入睡前，不斷思考同樣的問題。當專注在問題上，必然會在某一刻獲得啟發。有了自己的體悟後，一定要紀錄下來並好好留存，這些累積起來的點點滴滴，互相串聯統整後，就能找到問題的答案。暫時先把這三個問題當成人生的重心，透過自我提問和傾聽，每個人都能成為自己的老師。

第二個階段是透過「閱讀」窺見理想的生活樣貌。經由書本中的觀念和案例，能將腦海中模糊的想法化為鮮明的畫面。如果說提問是獨自思考，那麼閱讀就是和作者一起思考的過程。閱讀能幫助自己獨立思考，創意源源不絕，有時也能從書中人物身上獲得靈感。或許有人認為，在工作中重要的是執行力，光讀書根本沒用，但這就跟只強調讀書的重要性一樣，同樣是偏激的想法。閱讀的力量，足以翻轉人生。

投資大師巴菲特（Warren Buffett）在大學三年級時，讀完班傑明．葛拉漢（Benjamin Graham）的著作《智慧型股票投資人》（*The Intelligent Investor*）後，便去向班傑明請益，並拜他為師和他一起共事，從此便專注於價值投資。梭羅（Henry David Thoreau）在二十歲那年，讀完愛默生（Ralph Waldo Emerson）的《論自然》（*Nature*）後，便在華爾登湖畔搭建了一間小木屋，過著心目中理想的生活，他所寫的《湖濱散記》（*Walden, or*

Life in the Woods）漂洋過海到了印度聖雄甘地（Mahatma Gandhi）手裡，為甘地的核心哲學「真理永恆（非暴力抗爭）」注入靈感。由此可見，閱讀的力量是如此之強大。

然而，閱讀也存在著陷阱，一旦陷入「似懂非懂」的模糊地帶時最為危險。看完書後心中往往滿懷理想，但當夢想背棄現實的那一刻，夢想就淪為空想。過度理想化的人，總覺得自己在跟世界對抗，孤軍奮戰而精疲力竭。如果為了尋找根本不存在的完美工作而感到迷惘，到最後很可能會因為恐懼，終究一事無成。

為了避免落入知識陷阱，必須透過「交流」，這就是職涯探索的第三個階段。當閱讀完後不斷反覆思考，可能也會像巴菲特和亨利那樣，出現心之所向的領域或人物。我會建議針對自己感興趣的領域，積極尋找實際在該領域工作的前輩，向他們請益。例如是作家的話，可以嘗試聯繫出版社取得作者聯繫方式，也可以參加演講或透過網路搜尋社群平臺、Youtube頻道等資訊，直接與對方聯絡。此外，加入討論相關主題的網路論壇或透過TELEGRAM、Clubhouse等社交平臺進行線上交流，也是不錯的方法。

在與專家進行交流時，有兩件事需要了解，那就是「後臺」和「新舞臺」。首先，必須確實了解在華麗的舞臺背後，有著不為人知的黑暗和痛苦。為了站在舞臺上，事前得付出努力並做足準備。此外，也必須掌握這個領域內的新舞臺（新職務），例如一般提到「電影從業人員」，我們通常只會想到演員、導演、編劇家，但除了這些工作，電影產業還必須仰賴監製、特殊化妝師、專業翻譯等各種工作人員，才能完成一部電影。

小嘗試就像播種一樣

最後第四個階段，可以說是慢速職涯最核心的一環，那就是從「小嘗試」開始做起。與其一開始就挑戰大項目，不如先從風險較低的小項目做起。誠如前面提到來找我請益的B，他的目標是希望成為一位講師，就可以先向公司教育訓練部門申請擔任指導新進員工的培訓人員，也可以先成為公司內部培訓講師，或是嘗試在公司對內或對外活動中擔任主持人；如果想成為廣告或影片企劃，在沒有豪華攝影設備的狀況下，也可以用手機拍攝影片，編輯後再上傳到Youtube；夢想成為作家的人，就要嘗試在部落格或論壇發表文章。想要一擊制勝之前，必須經過無數次的練習；想要找到適合自己的工作，也需要不斷地嘗試尋找著適切的敲門磚。

曾是創投家的彼得・席姆斯（Peter Sims），深入研究蘋果（Apple）、亞馬遜

（Amazon）等創新公司案例後，他將這些公司採取的共同策略稱之為「小賭注理論」（Little Bets）。根據他的觀察，幾乎沒有一開始就規模龐大的驚人創新。但許多成功的案例，都是歷經多次嘗試後才逐漸成熟。心理學家約翰．克朗伯茲（John Krumboltz）曾提出「計劃性機緣理論」（Planned Happenstance Theory），從他的研究來看，偶發事件會影響高達八成以上的職涯。換句話說，當你抱著開放性的態度不斷嘗試，而非侷限於計畫性的規劃時，機會就來了。綜合這兩項理論，職涯正是施行「小嘗試」的完美對象。

從小嘗試開始做起，無論成功與否，在過程中都能有所學習，從這點來看意義重大。在愛迪生（Thomas Alva Edison）發明電燈之前，曾經做過九千次以上的實驗。他是這麼說的：「我沒有失敗，只是找到一萬種行不通的方法。每當一種方法被證明是錯誤的，就等於又向前邁進了一步。」無論在任何情況下，經歷失敗都會為下一個階段提供重要的反饋。此外，藉由小嘗試取得成功，也能讓自己產生自信。就像原本在證券公司上班的保羅．高更（Paul Gauguin）在三十歲出頭時辦過幾次畫展，由於深受好評，即使是三十五歲才起步，也才能勇於轉換跑道成為全職畫家。

小嘗試就像播種一樣，並非所有的種子都能在肥沃的土壤裡成長，也不是所有的種子都能發芽，不過也有一些種子會長成大樹。因此，我們所要做的事情，就是朝世界輕輕灑下種子。雖然大部分的種子會在柏油路上枯萎而死，但也有一部分會掉到土裡逐漸萌芽。

四階段的職涯探索任務結束後，又會回到一開始的原點，形成一個圓形的循環。在經歷過各種嘗試後，對自己有了新的認知，並以此為基礎，反覆進行提問、閱讀、與人交流的過程。一開始繞的圈圈很大，但隨著越來越深入探討後，圈圈會變得越來越小，逐漸聚焦成一點，而這「一點」就是你的天職。當你專注在這個循環上，堅持走穩每一步，邁向天職的道路會越來越明確。

最後我還有一項叮嚀，千萬不要認為「離職後才能找到自己」。我們必須透過在職場上不斷地碰撞，才能在職涯探索的過程中發掘自我。離職的想法固然會讓人感到開心，卻無法獲得洞察力。即使離職後有所體悟，重返職場時，可能又會再遇到讓你完全意想不到的問題。如果只是因為工作倦怠想要休息，建議先好好地專心休息。但如果想要找到自己的天職，就還是得繼續待在職場上工作。沒有不讀書的作家，也沒有不看電影的導演，因此，獨立工作者也必須透過工作，發掘自己的潛力。

現在，不妨試著在工作時，將「提問↓閱讀↓交流↓嘗試」的循環模式套用在自己身上吧！藉此檢視自己是否有疏忽的地方，是否會因為太過心急而跳過某些步驟，如此將能一步步更接近自己真心想做的事。不經思考就行動是危險的，而光思考不行動則一切都是枉然。作為獨立工作者，必須在嘗試行動的過程中，同時不斷地反覆思考，才能站穩自己的一席之地。

POINT

- 職涯探索是「提問→閱讀→交流→嘗試」四個階段的循環。
- 透過「提問」檢視自我時，可以問以下問題：「做什麼事會讓我感覺像是活著？我真正想要的是什麼？」、「我擅長什麼？我最耀眼的天賦和能力是什麼？」、「我為何而工作？工作中我重視的價值是什麼？」等。
- 千萬不要認為「離職後才能找到自己」。離職的想法固然會讓人感到開心，卻無法獲得洞察力。

渴望：何時感覺我眞正活著？

法國後印象派代表畫家保羅．高更，直到三十多歲都還只是一介平凡上班族。他很晚才開始喜歡上畫畫，在二十六歲那年從繪畫中感受到前所未有的喜悅。原本只在週日畫畫的他，不知不覺變成了整個週末都在畫畫，甚至連平日下班後的時間也都被畫畫所占據。高更在繪畫的過程中，才感覺自己像是真正的活著，於是下定決心餘生要以畫家為業。終於，在他三十五歲那年，決定「從此刻起每天都只要畫畫」，便離開證券公司的工作，正式踏上職業畫家之路。從那一刻起，高更的人生開始變得不同。

尋找真正的幸福

值得注意的是，高更對畫畫是從淡淡的喜歡，慢慢轉變成熾熱的熱情。當他開始拿起畫筆在畫布上作畫時，內心感受到微微的悸動，漸漸地才愛上畫畫。同理可證，我們必須找出那些令自己全心投入、深受悸動、餘韻長存的事物，不斷問自己做什麼事會讓我感到開心？在忙碌的日常生活中，能帶給我感動的事物是什麼？我在做哪些事情的時候最像自己？什麼能帶給我「小確幸」？每個人感受到喜悅的事物不盡相同，對有些人來說，它可能是一杯精心製作的手沖咖啡，也可能是在筆記本上書寫下的細膩文字，又或是在萬里無雲的山頂上，呼吸到的新鮮空氣，享受在樹下靜謐的片刻，皆有可能成為通往感受到「活著真好」的大門。真正的幸福感，唯有自己才能全然地察覺到，重要的是觀察並記錄下來那一瞬間與感受。

神話學家喬瑟夫．坎伯（Joseph Campbell）將這種體驗到「活著真好」的狀態稱為「幸福」（bliss），與其相反的狀態則稱為「虛無」。根據他的說法，雖然活著卻毫無存在感的飄渺人生，就是過著「盲目跟隨，聽話照做」的虛無生活。而對於「幸福」（bliss），坎伯則如此解釋道：

在人生的某個時刻裡，我們的外在身體會與內在心靈合而為一產生共鳴，此時我們會感受到生命的喜悅。我們最終所追求的，是依循著某種線索往自己內在深處挖掘的事物，那正是生命的喜悅。若渴望找到幸福，就必須留心觀察讓我們感受到幸福的時刻，並刻印在腦海裡。這裡的「幸福」，並不是輕飄飄的幸福感，也不是歡欣鼓舞的雀躍。真正的幸福，指的是深層共鳴的狀態。

這種共鳴狀態最大的特徵是進入心流（Flow）。大多數的獨立工作者，都是透過分析自己心流經驗（Flow Experience），進而找到與天職有關的決定性線索。提出「心流」一詞的正向心理學家米哈里．契克森米哈伊（Mihaly Csikszentmihalyi）表示，當人們從事與興趣相符，並能發揮自身能力的事時，會體驗到進入心流的狀態。而當我們全心投入做某事時，察覺不到時間的流逝。在心流狀態中，有時會覺得時間過得很快，有時卻會覺得時間過得很慢。專注寫作的作家，寫了一整天卻覺得像過了一小時而已；全神貫注在比賽中的棒球選手，看到投手擲出球的那一刻，卻像是慢動作播放的畫面。總的來說，進入心流狀態的時間感，和實際上的時間流逝速度有很大的差異。

進入心流狀態的另一項特徵是「自我意識消失」。在心流過程中，感覺不到「我」的存在。與畢卡索（Pablo Picasso）所謂的「畫家不在了，只剩下畫」的感受，傳奇芭蕾舞者尼金斯基（Vaslav Nijinski）所謂的「渾然忘我與舞蹈合而為一」的境界是一致的。當全然投入在某件事物，隨著自我消失的同時，也會產生留白的空間，然而，在這個留白的空間裡並非空無一物，而是充滿了可能性。法頂禪師將此種狀態稱為「因空而滿」，也與把心淨空自然生妙法的「真空妙有」道理相同。心理學家馬斯洛（Abraham Harold Maslow）將此稱為「高峰體驗」（Peak Experience），他認為在經歷高峰體驗的過程中，所有人都可以實現自我。

也就是說，當我們處於專注狀態時，才能讓潛力完全發揮出來。因此必須不斷地問自己，做什麼事情會讓我沉浸其中？什麼時候會讓我達到全然忘我的狀態，專注致志？在臨死之前，我非做不可的事情是什麼？什麼事是我還沒做卻一直很想做的？……逐一列出十到二十個問題。

一一列出後，可以從中看出一些端倪或方向。以我（勝晤）個人為例，我幾乎不看電視（我家連電視機都沒有），但我唯一會用手機收看的電視節目，就是《金炳萬的叢林法則》[13]。自二〇一一年節目開播以來，我每集必看，不曾錯過任何一集。為什麼我會這麼喜歡這個節目？仔細回想，童年時期我最喜歡的小說是《魯賓遜漂流記》（*Robinson Crusoe*）和《十五少年漂流記》（*Two Years' Vacation*），就連電影也最喜歡像《浩劫重生》（*Cast Away*）這類的生存電影。再加上我目前的興趣愛好是烹飪、木工、露營、釣魚。看來，我內心深處深深嚮往獨立，也或許是因為這樣，我才會出來創業、成立一人公司也說不定。像這樣把自己喜歡的事物一一寫下來，可以從中看出一些方向。

現在請拿出一張紙，試著寫下自己想做的事吧！盡可能回想那些過去專注投入的畫面，以及曾讓你內心悸動不已的事物。不妨問自己下列的問題，或許會有所幫助。

- 做什麼事時，會讓你感覺活著？做什麼事時，會讓你有靈魂獲得滋潤的感受？
- 沒有特別的原因，但從以前就一直很想做的事情是什麼？
- 待在什麼樣的空間會讓你感到心滿意足？
- 到目前為止，最讓你深受感動的旅遊景點是哪裡？為何那裡會讓你如此魂牽夢縈？

⓭ 又稱《叢林的法則》，是韓國SBS電視臺的一檔野外挑戰實境綜藝節目。

你最想去的國家和城市是？

- 什麼樣的物品會吸引住你的目光？當你擁有何種物品時，會感到幸福？未來你最想擁有的物品是什麼？為何這項物品如此重要？
- 你通常喜歡什麼樣的東西？是被物品的什麼特質吸引呢？
- 不管是在真實生活中認識的人，或是從書本、電影、電視上認識的人，當中有沒有人是你很欣賞的？他身上哪些部份最讓你印象深刻？你很嚮往他身上的哪些特質？

上述這些問題，一開始可能回答不大出來。契克森米哈伊指出，過度的完美主義、自我懷疑、恐懼和自我檢視，是妨礙我們進入心流狀態的絆腳石。解決方法很簡單，就像回答上述這些問題一樣，只要放寬心別想太多就好。假如你是億萬富翁，並且擁有不死之身，你最想做什麼？如果沒有任何障礙，你想做什麼？當開始出現一、兩個畫面後，想法自然就會一直冒出來，重要的是把它們全部寫下來。

或許你會有這樣的疑問，人們內心所渴望的，不總是千篇一律嗎？從我身為職涯教練，這十幾年來幫助數百人完成夢想清單的經驗來看，並非如此。事實上，我們每個人內心深處的夢想都不盡相同，而且還很多樣化。在我們兩人舉辦的教育課程中，會邀請學生們上臺發表自己心中真正的夢想。每當這時候，我都會露出閃閃發亮的眼神，發現原來每個人都是如此與眾不同。夢想就像內心的指紋一樣，每個人的夢想都是獨特而具體的。

以我而言，我想住在一打開窗戶就能看到大海的地方，溫暖的陽光照進客廳，有一間被書包圍著的書房，再有一塊三、四坪大的菜園，那我就心滿意足了。趁孩子還小，我希望每年可以一起到陌生的地方旅遊一個月。我喜歡夜裡讀到好書時，內心澎湃不已的感動，也喜歡寫作時文思泉湧的悸動。我喜歡烹飪時完全沉浸在當下的時刻，而當有人為我煮一頓豐盛的美食時，我也會感覺很幸福。等孩子長大後，我也想像高更或梭羅那樣，獨自隱居在深山或是小島幾個月，享受閱讀、寫作、釣魚和烹飪的生活。

生活是具體的，而偉大往往源自這些渺小又具體的事物。神性蘊藏在細微處，如果希望夢想充滿神性，就必須具體描繪出夢想。比起只是輕描淡寫地說：「我很喜歡看電影」，倒不如將看完《登峰造極》（*Million Dollar Baby*）、《最後一擊》（*Cinderella Man*）這類激勵人心的電影後，和朋友通霄討論的情境鉅細靡遺地描繪出來吧！這會重新喚起當時的雀躍感，有很多類似的經驗可以證明。盡可能去描述細節與畫面是必要的。

從這些畫面中，可以窺見自己的未來，從中找到夢想的種子。因此我們首先要做的，就是積極努力地蒐集種子。在生活中尋找那些令自己雀躍不已的瞬間，以及感覺自己真正活著的時刻，把它記錄下來。接著，再從這些蒐集到的種子中，逐一精挑細選，去蕪存菁後，只留下最像自己、最飽滿的種子。

被欲望牽著走vs.追隨你的渴望

在工業社會裡，人們的疏離感越來越嚴重，這裡所指的並非與他人格格不入的社交疏離感，而是失去與自己內在連結的「自我疏離感」。大多數人都抱著得過且過的心態，隱身在人群中渾噩度日。

哲學家海德格（Martin Heidegger）將現代人這種失去自我的狀態，稱為「非本真存在」。處於非本真狀態的人，與人交流大部份以閒聊為主，目光總指向他人與世界，內心充滿矛盾與混亂。因為從來沒有認真思考過關於自己的事，也就無從得知自己真正想要的是什麼。

頂著空蕩蕩的軀殼，怎麼擺脫死氣沉沉的生活？對此，海德格提出了激進的解決之道，那就是「死亡」。藉由對死亡這種極端狀況的覺察，能恢復到自己最原本的樣貌，找回洞察力。為何非得藉由死亡才能覺察呢？因為死亡是必然發生在每個人身上的事件，任何人都無法逃避死亡。當一個人從死亡意識到生命的時間性（一次性），從那一刻起，就能跳脫出「非本真」狀態，更接近真實的自我，體悟到生命的真義。此外，死亡完全是個人化的，沒有人能代替別人死去，因此透過對死亡的理解，可以從別人的眼光和束縛中解脫出來，此時就能覺察到自己內在最真實的渴望。

世界上有兩種夢想，一種是渴望，另一種是欲望。渴望是始於內在的本真自我（authentic），欲望則是受到外在羈絆的非本真自我（inauthentic）。欲望是社會化的產物，以「想要／WANT」為出發點，就像看到別人有什麼，自己也想要的心態。許多人不斷地拿自己與他人比較，看到什麼都想要，在無止盡的欲望迴圈中打轉。反之，渴望則是以「喜歡／LIKE」為出發點，不是和別人比較後產生的念頭，而是專注在自己內在的喜悅。一般上班族會執著於升遷和年薪這類的欲望，但獨立工作者則會專注在從工作中獲得的滿足感，也就是內在渴望。

我們要如何區分欲望和渴望？套用海德格的理論，在死亡之前，很容易就能區分出渴望和欲望。在面臨死亡時，會放下紛擾的欲望，只留下最貼近本質的渴望。

想像一下，假如你罹患了一種罕見的不治之症，醫師以低沉的聲音宣判：你的壽命只剩下五年，五年後必死無疑。五年後的今天，你將會死去。五年的時間，用來整理身邊的瑣碎雜事似乎太長；但五年的時間都用來旅行，又似乎太累。那麼，在這不長不短的五年時間，你將如何度過？

現在，就讓我們一起檢視先前寫下的夢想種子吧！如果五年後會死去，你還會種下這顆夢想種子嗎？假設你的夢想種子是去高空跳傘，在蔚藍的天空中翱翔，試著問自己，就算知道自己五年後會死掉，是否依然想做這件事？答案便知分曉。假如內心浮現的想法是：「五年後就要死了，跳傘有什麼意義，還不如把握時間，好好地陪家人更重要。」那就表示這顆夢想種子並不重要，這就是欲望。不過，也可能會出現完全相反的想法，當內心高喊著：「五年後會死嗎？在死之前，說什麼我也想要試試看高空跳傘！」就表示那是真正的夢想，也就是內心的渴望。在面對死亡時，就能清楚看出哪些念頭是欲望、哪些是渴望。

「渴望」是以過程為主軸，喜歡做這件事本身，隨之而來的是內心的悸動和喜悅。渴望會在清晨喚醒我們，讓我們甘願為它熬夜。就像旅行的目的並非抵達最終目的地，而是旅程本身。由於過程中已經獲得充分的回饋，就不會執著於結果。反之，欲望則是重視最後獲得的成果，因此在尚未取得成就之前，無法感受到任何喜悅。由於一心一意只想要「成功」，失去了純粹的喜悅，而且過度重視結果，很可能會犯規，或受到捷徑誘惑。抱著「五年後會死去」的想法，能夠引領我們專注在過程中的喜悅，而不會忽略生活中獲得的各種成果。透過死亡，我們可以區分出哪些是糠秕、哪些才是真正的種子。

欲望的三種類型

非本真的欲望有好幾種類型，其中一種是「類渴望」。乍看之下，這種欲望和渴望很相似，但實際上卻是基於想要模仿別人的強烈欲望。我有一位大學同學是徐太志的忠實歌迷，他迷上徐太志在〈Free Style〉MV裡滑雪的樣子。於是，他決定休學打工學習滑雪，存了好幾個月打工賺來的薪水，全部用來購買價格高昂的裝備，可以說是十分熱血，但後來他卻坦白地告訴我：「我真正喜歡的其實不是滑雪本身，而是想要模仿徐太志滑雪的樣子。」

當然，並不是所有的「模仿」都是屬於類渴望型的欲望，你必須仔細檢視自己做這件事，是否只受到特定一、兩個人的影響，如果不只看到徐太志滑雪的樣子會心生嚮往，而是看到其他滑雪高手時，也會讓你的內心悸動不已，那很有可能你並不只是基於模仿心態，而是對滑雪本身的熱愛。

第二種類型是只看到「臺上」的夢想。就像十幾歲的青少年夢想成為偶像明星，卻對為了站在舞臺上必須付出的努力和忍受默默無名的路人時期毫無興趣。只看見舞臺上華麗的呈現，卻沒看見舞臺背後流下的汗水和淚水，是一種幼稚的憧憬。會帶來名氣相關附加價值的夢想，像是成為執行長、政治人物、著名講師或作家，通常屬於這一類。擁有這種欲望的人，往往只在乎享受到的好處，而忽略過程中必須付出的努力。他們的焦點並不是擺在成為執行長所需經歷的過程與事前準備，而是聚焦在當上執行長後帶來的附加價值，如名氣、影響力及年薪等。為了尋求更有利的工作條件，像候鳥遷徙般拚命換工作的上班族也不例外，他們會不斷地吹捧自己的履歷。

最後一種虛假夢想的類型，是出於恐懼而「執著於某種事物的欲望」。尤其是因為過去的匱乏經驗，基於補償心理而產生對某種事物特別執著的欲望，這種執著就像上癮般難以戒除。例如童年時期家境貧困的人，不容易放下對金錢的渴望。學生時期曾遭受排擠的人，也可能會變成不擅於拒絕別人的「好好先生」，這些全都是出於恐懼的執著。然而，滿足匱乏後，就一定能獲得幸福嗎？雖然金錢匱乏會帶來不幸，但根據經濟學的邊際效用遞減法則，即使獲得的金錢越多，幸福卻不會無止盡地增加。朋友的數量也一樣，這項法則唯一的例外是「沉迷」，一旦沉迷下去只會越陷越深。跟有菸癮、賭癮一樣，沉迷於金錢和歸屬感的人，也必須回過頭檢視自己是否沉浸在過去的不幸。

試著將所有夢想的種子列出來，透過一連串提問進行區分。

- 持續性：這個夢想是否是值得常懷心中的夢想？
- 獨立性：這個夢想是否受到他人的影響？
- 真實性：這個夢想是否只看到夢想附加的好處？
- 強迫性：這個夢想是否因為覺得現在的自己不夠好，才會有這種想法？

即使五年後會死去，我仍然想做這件事嗎？我做這件事是否只是為了效仿某人？我是

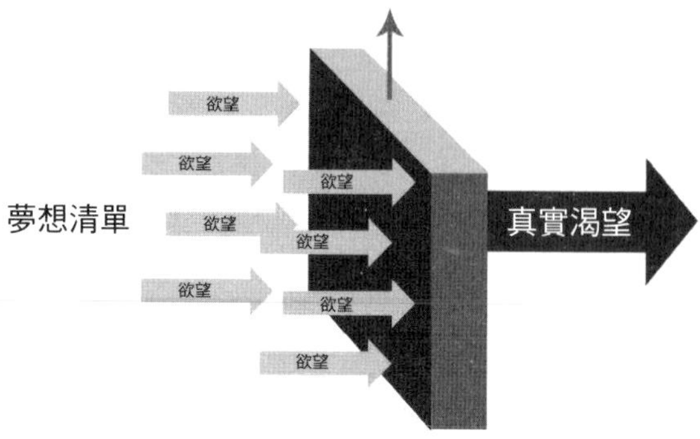

圖10　從夢想清單中區分「欲望」與「渴望」

否純粹嚮往舞臺上的風光或是沉浸在過去的不幸？藉由這些問題，就能夠聰明地區分出渴望和欲望，好比篩選稻穀的風谷機。農人如果想要豐收，就必須用風谷機去除掉農作物的雜質、癟粒、秸桿等不必要的東西，留下質地飽滿的穀粒，才能在來年結出厚實的稻穗。

想要實現渴望，除了發掘渴望，節制欲望也很重要。為了守護內心真正的渴望，必須克制其他不必要的欲望。也有另一種說法是「自由是建立在自律的基礎上」。經過深思熟慮，一旦選定內心的渴望後，就能擺脫外在無窮的欲望。這是一種選擇，其餘外在事物都是虛無的。當專注在渴望而非欲望時，我們就能有勇氣做自己想做的事，讓生命旅程中的每一天過得更加充實。此刻的生活，將不再是「必須解決的課題」，而是「等待經歷的神祕旅程」。

POINT

- 當我們處於專注狀態時，才能讓潛力完全發揮出來，因此必須不斷地問自己，做什麼事情會讓我沉浸其中？什麼時候會讓我達到全然忘我的狀態？……這就是「夢想清單」的原型。
- 欲望和渴望看似很像，前者專注於外在的擁有，後者專注於內在的喜悅。「渴望」是重視過程。反之，欲望則是重視結果，因此沒有成就，就沒有喜悅。

天賦：我擅長什麼？

獨立工作者會發掘自己的天賦，並善用自己的天賦，進而獨立門戶。反之，一般上班族比起發掘天賦，更專注於補足自己的弱點，也認為自己沒有任何天賦。然而，每個人都有屬於自己的天賦，天賦其實是指「可以靈活運用的思想、情感與行為的重複模式」。就像每個人都有眼睛、鼻子、嘴巴，但臉孔各不相同；每個人也都有各自的想法、感受和行為模式，因此擁有的天賦也不盡相同。不過，人們提到「天賦」時，卻有一種莫名的抗拒感。事實上，這種抗拒感是源自於人們對天賦的誤解。對於這種抗拒感，原本應該在十幾歲時化解，但到了現在的年紀，即使知道卻也似乎為時已晚。在了解發掘天賦的方法前，先讓我們解開這些誤解吧！藉由這個過程，自然也會對天賦有更深入的理解。

對天賦的誤解

人們對天賦的誤解，大致上可分為四種。第一種誤解：認為天賦是被選中的少數人獨有的，是「上天賜予的禮物」。就像電影《心靈捕手》（*Good Will Hunting*）或《把愛找回來》（*August Rush*）中的主角，不費吹灰之力就能展現與生俱來的驚人天賦，無論遇到任何數學難題都能迎刃而解、即使沒有樂譜也能即興演奏出美妙的樂曲，彷彿天生就是吃這行飯的人。不過，這只是電影故事，現實生活中的天賦並非如此偉大，也並不是完美的型態。誠如前面所述，天賦只是一種「可以靈活運用的思想、情感與行為的重複模式」而已。所有的天賦都是以連接腦細胞的突觸型態為基礎，有些人大腦內掌管人際關係的突觸數量較多，有些人則在邏輯、數學或語言相關領域的突觸活動較為發達。一段時間過後，隨著腦神經網路趨於穩定，會自動產生個人的特有模式，也可以說是無意識狀態下所產生的。

舉例來說，包含你在內的四位好友久違地聚在一起。聚會中每個人的想法、感受和行為不同，做出的反應也不同。首先，遲到三十分鐘才抵達聚會現場的你，抱著愧疚的心情，心想著要請大家喝飲料賠罪才行。而A正不斷在腦海中思索昨晚沒能解開的問答題；

B則是拚命構思有趣的故事，想逗得大家哄堂大笑。C卻想起了上次聚會發生的口角事件，心想著今天要小心避免聊到可能引發爭論的話題。這些看似平凡的模式反覆出現後，就能稱得上是一種「天賦」。我們之所以會被誤導，認為自己「沒有任何天賦」，往往是受到電影或輿論大肆渲染知名人物的成就所影響，但能力並非天賦。

這就是對天賦的第二種誤解：許多人經常把「天賦」和「成就」混為一談。天賦與成就雖然密切相關，但本質上卻不同。以樹木來比喻，成就是花朵和果實，天賦是種子，「成就」等於「天賦」乘以「努力」（知識、技術與經驗）。換句話說，把種子（天賦）種植在適當的環境，努力用心栽種時，才會長出名為成就的果實。然而，沒有種子就沒有樹木，在努力投入之前，必須先發掘天賦。如同彼得・杜拉克所強調的，成就來自於持續累積的成果，職場上的專業能力也必須靠累積而成。成就並非偶然形成，很大一部分取決於天賦。套用愛迪生的名言：「天才是一％的靈感（天賦），加上九九％的汗水。」這句話也表示「一％的天賦」相當重要。成就可以說是將天賦發揮到淋漓盡致的成果，為了獲得成就，必須發掘天賦並加以運用。

第三種誤解是「誤以為必須具備某種天賦才能做某件事」。我們很容易認為要成為畫家必須擁有繪畫天賦、想成為科學家要有科學的天賦、想從商必須擁有做生意天賦。我們自然而然會認為要成為作家，必須具備「寫作天賦」。但事實上，每位作家都具有獨樹一幟的寫作風格。越是優秀的作家，越有自己獨特的寫作風格，這正是展現差異化優勢與實力所在。有些作家擅長分析，有些擅長描寫情感，也有擅於生動敘事的作家。有的作家會運用精妙的比喻打動人心，有的作家則善用各種例子舉證，寫出說服力十足的文章。寫作風格各有不同，又怎能以單一天賦概括而論？由此可見，寫作不是一種天賦。換句話說，天賦無法決定你做什麼工作（What），只能決定你的工作方式（How）。重點在於，天賦可以轉移，能運用在不同的領域和角色。很多時候，我們會草率地片面評價自己「沒有從事這份工作的天賦」，那是因為我們尚未找到適合自己的工作方式，如此而已。

華倫·巴菲特並不具備一般投資者的競爭優勢，像是快速決策、經營者評估、掌握趨勢等。他偏向實事求是，改變速度緩慢，不具備適合投資的特質，但他之所以能夠如此成功，正是因為他沒有改變自己的個性或轉換跑道，而是找到適合自己的工作方式。他的個性穩定，投資的錢一放可以等二十年，透過客觀評估與審慎觀察分析經營團隊後，如果對方是值得信任的人，便不會干涉經營。此外，相較於評估趨勢前景，他更擅於理性思考，他不會跟風投資前景看好的產業或企業，而是專注在自己熟悉的領域。他甚至沒有運用時下最新的精細化財務報表進行投資評估，五十多年來堅持只用基礎財務報表分析。這種巴菲特式的投資風格，正是他成為世界頂尖投資者的原動力。與其轉換跑道，不如改變工作方式與策略，也能讓天賦脫穎而出。

最後一項誤解是誤以為「如果我有天賦，老早就被別人發掘了」。之所以會有這項誤解，大部分是受到活躍的神童或天才影響。當我們看著電視裡令人驚嘆不已的神童時，不免也讓我們頓失鬥志。事實上，包含「足球之神」萊納爾・梅西（Lionel Messi）在內的運動天才，幾乎都是在年輕時被發掘，進而培育成為運動明星。基於這個原因，許多人會妄下結論，認為「自己到現在都還沒被發掘，應該是沒有天賦」。然而，仔細觀察就能發現，大多數被公認是神童的人，通常偏向專精某種領域，若以思考力、感受力、行動力來區分，被視為神童的人，主要偏向著重行動力的領域，特別是運動與藝術領域。這些領域的天賦可以透過肢體或作品型態展現，因此較容易與他人一較高下。反之，思考力與感受力則不容易與他人比較，因為這兩種能力基本上是大腦內的活動，肉眼看不見具體過程，也無法與他人比較，所以大部分的人會認為「我和別人的程度可能差不多吧」，對此不以為意。

我（勝晤）在料理時，腦海中會自然浮現出要在哪裡購買哪些食材，以及烹煮的步驟流程。起初，我不知道這是一種天賦，因為對我而言，這是再自然不過的事，我以為大家都跟我一樣。加上事先在大腦裡構思好料理步驟，我壓根不覺得這有多厲害。然而，當我開始慢慢意識到自己與別人不同的地方，原本看似不起眼的細節，把它發揚光大後，也可以運用在其他領域上。舉例來說，當我收到演講或撰文邀約時，掛上電話後，我就會在腦海中把相關內容串聯在一起，建立起脈絡後，迅速整理出主軸架構。多虧如此，大家經常稱許我的演講和文章「脈絡分明」。

基於以上這四種對天賦複雜的誤解，以至於許多人得出的結論是：「我沒有從事這項工作的天賦」，我們常常高估別人的天賦，卻低估自己的天賦。因此，接下來將為各位介紹發掘天賦的方法，這些方法相當重要。尤其對於從未曾察覺自己有哪些天賦的人來說，善用這些兼具專業及客觀性的檢測工具，能幫助我們迅速發掘天賦。

發掘天賦的測驗

「克利夫頓優勢評估測驗」（CliftonStrengths）是最具代表性的天賦檢測工具，根據三十多年來針對五百萬名各領域職場人士的調查結果為基礎，由全球知名調查研究公司蓋洛普（Gallup）所研發出的評測工具。測驗方法很簡單，先至網站（strengthsfinder.com）購買序號，或購買相關書籍進行檢測。在克利夫頓優勢評估測驗中，將天賦分成三十四種，並將你最具優勢的前五項天賦（主導天賦）如：溝通、體諒、戰略、分析等，針對各項內容以報告書方式呈現。尤其值得注意的是，有別於測驗名稱，它測出的結果是天賦，也就是個人特質中最突出、最常出現的五種模式，而非優勢。

MBTI[14]也是一項有用的工具，是心理學家卡爾・榮格（Carl Gustav Jung）根據心理類型理論研發而成的一套工具。相較於優勢評估測驗，更能以宏觀的角度觀察一個人。由於MBTI將人格以兩極對立的概念進行分類，例如外向—內向、感覺—直覺等，對於理解和包容他人也有幫助，加上五十多年來蒐集了全球數百萬人的資料，並積極進行性格與職業喜好等相關研究，亦可作為職涯發展的參考依據。

除上述以外，其他有助於發掘天賦的評測工具包含：多元智能測驗（Multiple

Intelligence）、個人優勢檢測（Tanagement）、九型人格測驗（Enneagram）、人際溝通分析（TA）等。不過，我建議最好不要做網路上出處不明的分析檢測，因為不具任何公信力。此外，即使是經過長時間研究驗證過的工具或測驗，也都有各自的優缺點。例如，克利夫頓優勢評估測驗是針對各種職務進行長期研究後製成的評估檢測表，適用於上班族，針對天賦的用詞也相當到位，但優勢評估測驗中列出的三十四種天賦，卻少了與身體、空間、自然相關天賦，無法完整呈現出人類的天賦，比較適合作為上班族與知識型工作者自我檢視的工具；MBTI雖然可以檢視一個人的「性格」，從整體角度了解自己所有面向，但用語和概念卻較難理解，也沒有直接列出天賦列表。因此做完MBTI測驗後，必須找專家諮詢或進行深入分析。因此，無論採用何種工具，都必須理解該項工具的特性，並彌補不足之處。

⓮ 全名為邁爾斯—布里格斯性格分類指標（Myers-Briggs Type Indicator），又稱「十六型人格測驗」。

做完天賦測驗，然後呢

專業評測工具除了能保證客觀性，同時兼具檢測方便與即時收到檢測結果的優點。二十年前可以說幾乎沒有這樣的工具，也罕為人知，但現在任何人只要花少少的費用，就能獲得詳細分析結果。事實上，許多上班族都做過MBTI這類的分析測驗，但如果讓他們花三分鐘簡述，大部分的人都不知道該從何說起，甚至還有不少人根本不記得檢測結果。回答不出來就代表測驗歸測驗，根本沒有加以運用，這是專業檢測工具最大的缺點。由於是被動得知檢測結果，無法內化成自己的一部分或予以善用。分析檢測結果與實際運用在日常生活中，是不同層次的問題。

為了避免檢測結果與現實人生變成毫不相關的兩碼子事，必須抽絲剝繭找出與這項天賦有關的自身經驗。比方說，做完優勢評估測驗後，可以將「前五大天賦優勢報告」列印出來仔細閱讀，並在最能清楚說明自己的部分畫線。如果是特別準的地方，除了畫線之外再標註星號。讓你深有同感的說明，想必是因為可以連結到相關的自身經驗。以畫線的句子是「蒐集物品」為例，可能過去你有蒐集郵票、硬幣或語錄等經驗，就在畫線處旁邊稍作備註。一開始不需要想辦法挖掘出特別厲害的經驗，可以先從小而具體的經驗開始寫

蒐集 Input

有蒐集郵票、寫日記和筆記的習慣

你充滿好奇心。你熱愛蒐集物品。你可能會蒐集各種資訊，像是詞彙、事實、書籍和語錄。你可能也會蒐集有形的物品，例如標本、棒球卡、玩偶或老照片等。無論你蒐集什麼，你會這麼做是因為你充滿好奇。你好奇心未泯，對許多事物都很感興趣。世界的奧妙之處，在於充滿多樣性與複雜性。如果你喜歡博覽群書，目的未必是完善你的理論基礎，而是想要蒐集更多的資訊。如果你喜歡旅行，那是因為在新的地點你總能發現新的文物和軼事。

一年讀超過五十本書

十五年的工作筆記分別以不同資料夾整理好（2.5GB）

圖11　優勢評估報告運用範例

起。透過這種方式再多讀兩、三遍報告書，最後仔細查看這些筆記，相信必能從中找出某種連貫性。

像這樣透過畫線、舉例說明，讓你的天賦會變得更明確。從畫線處多寡，馬上就能看出該項天賦是否與自己相符，藉由舉例內容的質量，也能評估天賦的發展程度。當一項天賦有許多相關事例可以佐證時，就表示這項天賦已經發展成為優勢；反之，另一項天賦雖然有許多畫線，卻難以舉例說明，就表示這項天賦尚未發展為優勢。另外也有一種情況是，幾乎找不到任何可以畫線的地方，也很難找出例子輔以說明。這時，一般人往往會認為「這不是我的天賦」或是「檢測結果出錯」，但即使重新進行測驗，大部分結果還是一樣。很有可能是因為尚未察覺到自己的天賦，而非檢測錯誤。這時候，先不要急於下結論，而是把它當成深入了解自己的契機。

天賦測驗雖然有助於發掘天賦，但即使再厲害的檢測工具，光憑測驗也很難確切找出自己的天賦。因為這類型的測驗是透過簡單的問句，採用問答方式進行檢測，無法完全反映出每個人複雜的內在。因此，不要盲目相信檢測工具，或認為檢測結果絕對正確無誤。檢測結果只能作為參考，更重要的是必須覺察自己目前的狀態，結合過去的經驗，重新進行評估。

POINT

- 發掘天賦的測驗有很多種，各有不同特性和優缺點。
- 做完天賦測驗後，還須將天賦連結到自身相關經驗，才能讓天賦變得更明確，真正產生效果。

鍛鍊天賦的方法

隨著科學技術發達，發掘天賦的工具也如雨後春筍般冒出。其中最具代表性的，正是前面提到的克利夫頓優勢評估測驗。只須三十分鐘即可完成線上檢測，並能立刻取得完整的天賦測驗報告。相較於過去，發掘天賦雖然變得更容易，但無論是過去抑或現在，能確切掌握個人天賦並加以運用的人，卻是少之又少。

在蓋洛普公司主導研發克利夫頓優勢評估測驗的馬克斯．巴金漢（Marcus Buckingham）這麼說：「想要確實掌握天賦優勢，最好的方法是善用自己的線索，花時間觀察自己的行動與感受，遠比任何檢測或問卷來得有效。」就連研發天賦檢測工具的專家，也強調「自我觀察比檢測結果本身」更重要。自我觀察不需要仰賴特別的知識或技術，只需要留意各種過往經驗，從中發掘稱得上是天賦的能力。這種基本的方法之所以有效，最大的原因在於天賦不在他處，而是在自己身上。但就像巴金漢所說的，自我觀察需要耗費很長的一段時間。幸運的是，有一種很好的方法，可以將兩者（評測工具與自我觀察）結合在一起相互運用——先通過專業檢測掌握天賦概況，再透過觀察加以詳細描述，補足其不足之處。

發掘天賦的線索

自我觀察的重點在於自我提問與觀察過往經驗，從中找出線索並記錄下來。找到線索後，就能善用發掘天賦的線索。具體要如何進行自我觀察，以下提供我個人（昇完）的例子給大家參考。

首先可以先觀察學習速度。雖然起步比別人晚，卻能迅速達到某種程度，就代表具有從事這項工作的天賦。不妨試著回想學生時期表現出色的科目或曾經得獎的項目吧！像我高中時國文成績經常名列前茅，但數學成績總是在班上墊底。即使花同樣的時間讀書，念國文的投資報酬率遠遠勝過數學。除了學校之外，也可以從打工經驗、服務活動、職場生活中，試著找出學習效率較高的項目，並逐一記錄下來。

第二，別人的讚美。試著找出曾經收到的正面回饋或獲得肯定的經驗，尤其是那些意料之外的讚美，因為可以從中發現在別人眼中十分亮眼，自己卻絲毫沒注意到的天賦。不妨傳訊息給幾位好友，請他們提供三至四個最適合形容你的詞彙。我之前曾經傳訊息給八位好友，彙整他們提供給我的詞彙後找出了共同點，發現了「同理」這項天賦。起初，我並不覺得同理是一種天賦，認為這沒什麼特別的，別人也應該跟我一樣。但現在我把這項天賦培養成優勢，並積極運用在寫作、演講、輔導等重要工作上。

第三項線索是成果。從過往經驗中，找出稱得上是特殊成就的事物，並思考之所以能夠達成這項成果的原因為何。輝煌的成就經歷是凸顯天賦的最佳指標。我曾在小學時參加作文比賽得獎，那幾乎是我當時唯一得過的獎項；讀大學時，凡是用繳交報告評分的科目，我都是高分過關；就連出社會上班後，在公司也經常被誇讚很會寫報告。

有趣的是，不只是成功的經驗，即使是失敗的經驗，也能從中發掘天賦。觀察自己克服危機的動力，就能明確掌握天賦。細數我的一生，曾經歷過兩次巨大危機。第一次危機是二十歲時家中突遭變故，經濟陷入困頓；第二次危機是我在三十多歲時罹患憂鬱症。兩次危機狀況雖然大不相同，但克服危機的動力卻是一樣的——那就是把危機當成「深度自我覺察的時機」，並用文字記錄下來。《以我的方法打開世界》（暫譯）和《慢轉的力量》這兩本書能夠得以出版，也是源於當時的經驗。實際上，根據多元智能測驗結果顯示，我的「內省智能」和「語文智能」分數比重相當高。

透過自我觀察發掘天賦時，必須記住兩件事。第一，請保持正向心態。發掘天賦時，必須以正面的角度看待自己。比起優點，我們通常對缺點更敏感，更容易看到自己的缺點，也有人天生個性是善於挑出錯誤或不足的地方。不過發掘天賦時，應該要以正向的角度看待自己。如果不相信自己擁有天賦，也不願意嘗試發掘天賦，就無法找到本自具足的天賦。

第二，探索天賦時應該是「自我比較」，而非「對外比較」。不要拿自己的天賦和別人做比較。比贏了，容易驕傲自滿；比輸了，容易自卑氣餒，兩者皆不可取。重要的是跟自己比較，也就是把焦點放在自己身上，找出自己最出色的天賦。

天賦特質解析表和天賦檔案

在探索天賦時，重要的是必須從各個角度進行自我觀察。由於每個人身上具有不同面

天賦	正向發揮事例
戰略 Strategic	• 料理前會先在腦海中規畫烹飪步驟 • 二〇〇八年獲得業務行銷策略獎（美國總公司）
完美 Maximizer	• 寫第二本書時，初稿修正了十一次才完稿 • 大學時每兩日會進行一次「自我檢視」
交往 Relator	• 研究所時期樂於擔任助教工作 • 小學時期最要好的朋友，到現在依舊是摯友
自信 Self-Assurance	• 基於自信放棄了我的工作，選擇走上教育之路 • 離職時仍保有最重要的價值觀（成長、自律性）
專注 Focus	• 在上班族期間共寫了六本書 • 朋友們都說我「一旦決定做什麼，就一定會設法做到。」

表3　各項天賦相關正向事例

向的天賦，難以單從一個角度看到全貌，因此必須花時間從各種角度檢視自己，並逐一寫下自己觀察到的細節。把觀察後的結果記錄下來，再與優勢評估測驗結果相互比對，找出當中較突出的天賦，並彙整重疊的部份。看起來有些複雜，但實際操作會發現並不困難。

先寫下五大天賦特質，再列舉出自己觀察到與該項天賦有關的正面事例，就能做出一張詳細的「天賦特職解析表」，請參考表3。

此外，用「自己的描述」取代原本的天賦名稱，也是不錯的方法。例如，我在料理時或寫作前，會在腦海中預先做好規劃，但我不會把這項天賦稱為「戰略」，而是稱為「即興腳本創作能力」。之所以會加上「即興」兩個字，是因為浮現在腦海中的流程圖（腳本）都是當下的立即反應，如果沒有記錄下來，很快就會忘記。還有另一項天賦，我稱之為「建立深度關係能力」，這項能力結合了優勢評估測驗中的「交往」（Relator）與MBTI測驗中的「內向」。乍看之下，兩者截然不同，卻是最能形容我的詞彙。雖然我的個性內向，不擅於交際應酬，不過一旦成為朋友後，我很擅長與朋友維持長久的友誼。我和小學同學到現在仍維持摯友關係，這絕非偶然。

剩下最後一項工作，那就是製作屬於自己獨一無二的天賦檔案。「天賦檔案」如表4所示，內容包含天賦名稱（自己的描述）、解釋和簡單的事例。製作天賦檔案時，可以參考之前在天賦測驗結果中畫線的部分，以及自我觀察時記錄下的內容與朋友們的反饋。針對各項天賦特質寫出解釋，並列舉出兩項最能說明這項天賦的事例，會更加清晰完整，也更具說服力。

天賦檔案是代表自己具有特定天賦的一種宣示，同時實用性也很高，如果一開始充份

即興腳本創作能力	
解釋	確定目標後，執行前會先在腦海中描繪出流程圖，下意識地會開始思考各種腳本，找出應對之道。
事例	❶ 在無人指導的情況下，料理前自然而然會先想好烹飪步驟。 ❷ 演講和寫書時，輕易就能描繪出可能的故事輪廓。

建立深度關係能力	
解釋	只喜歡與少數人深交，建立共同學習成長的關係。
事例	❶ 研究所時期樂於擔任助教工作。 ❷ 與《指南針課程》的學生們維持長久良好關係。

表4　天賦檔案範例

整理好相關資料，對實際運用在工作上也會有很大的助益。無論是準備轉職撰寫自傳，或是面試時也都能妥善運用。每年一到兩次進行天賦檔案更新，並替換成更好的例子。透過不斷更新天賦檔案，能更有效地將天賦發展為優勢。

發掘天賦並將天賦內化成自己的一部分，並非一蹴可幾，需要經過日積月累的鍛鍊才能達成。換句話說，發掘到自己的天賦後，必須將天賦實際運用在生活中，並定期檢視。若能持續這麼做，天賦終將會內化成自己的一部分，成為厚實的助力。發掘天賦能力並加以培養，是獨立工作者最核心的課題。與生俱來的天賦不夠突出並不可怕，真正可怕的是沒有找到天賦和善加運用。

POINT

- 自我觀察的重點在於自我提問與觀察過往經驗，從中找出線索並記錄下來。可以從三個方面觀察：自己的學習速度、正面回饋或獲得肯定的經驗、過往的具體成果。
- 探索天賦時，善用「天賦特質解析表」和「天賦檔案」等小工具。

工作價值：我爲什麼要工作？

何謂工作？工作具有三種意義，第一種意義是「賺錢」，是為了餬口，就連莎士比亞也必須靠寫作賺取麵包和奶油。第二種意義是「存在感」，人們渴望在工作中發揮自身潛力，藉此證明自己的存在價值。倘若工作只是為了混口飯吃，工作就會變得很痛苦，就像那些認為「上班時的我是行屍走肉」或「真正的人生下班後才開始」的人，工作只是為了賺錢。

工作的第三種意義是「貢獻」，無論哪種工作都是為了滿足部份人的需求而出現，因此每種工作背後皆有其受惠者。在工作原本的基礎上，將「幫助別人」納入目標之一，渴望透過工作幫助到某些人，創造出更美好的世界。

何謂天職？

「賺錢、存在感、貢獻」是工作的基礎價值。每個人心目中對這三種價值的優先順序都不同。有些人將存在感視為首要價值，賺錢其次，最後才是貢獻；也有人相較於賺錢和存在感，更重視貢獻。工作價值的優先順序不同，所做出的職涯決策也可能不同。重要的是，無論在何種情況下，三者中只要少了任何一項，就會對工作感到不滿。

古代西方人將「毫無意義、白費力氣的勞動」視為最可怕的刑罰之一。希臘神話中的達那伊得斯（Danaides），由於殺死自己的丈夫受到處罰，餘生都在灌滿永遠也不可能灌滿的無底桶中渡過。欺騙眾神的薛西弗斯（Sisyphus），被詛咒必須不斷地推巨石上山，抵達山頂後，石頭又會再次滾落至山腳下，一再重複推石頭上山的過程。小說家卡繆（Albert Camus）曾說過：「沒有工作，生命會腐朽。但沒有靈魂的工作，生命會窒息而亡。」讓達那伊得斯和薛西弗斯痛苦不已的，不是巨石和無底桶，而是失去工作的意義。他們所做的工作，完全無關乎賺錢、存在感與貢獻。

所謂的天職，就是最適合自己的工作。換句話說，天職就是能解決生計，並讓自己富有存在感，同時能對世界做出貢獻的工作。因此，你必須問自己：「賺錢、存在感、貢獻，三者中我最重視的工作意義是什麼？」進一步再問：「我所追求的工作價值是什麼？」

賈伯斯的工作價值

獨立工作者擁有屬於自己獨特的工作哲學，劃時代創新改革代表性人物史蒂夫・賈伯斯（Steve Jobs）經常對員工說：「活著就是為了在宇宙中留下痕跡。」賈伯斯所追求的「痕跡」，就是「創造滿足人類需求的偉大作品，建立永續經營的公司」。為此，他制定了幾項原則，其中之一便是「藝術家精神」。他秉持著「藝術家創造作品」的信念，除了追求產品設計與功能，連細節處也力求完美，甚至是顧客看不到的電腦主機板，也是採用同樣的標準。誠如他經常掛在嘴邊上的話：「偉大的木匠，就算別人看不到，也不會在木箱背後使用劣質的木材。」事實上，當年麥金塔原型機（Mac）完成時，賈伯斯在電腦內部刻上了四十五位研發團隊成員的簽名，因為他認為真正的藝術家會在作品上留下自己的名字。

賈伯斯將這項原則視為重要決策的標準。他在收購皮克斯（Pixar）時，公司面臨了嚴重財務困境，必須刪減預算支出。皮克斯動畫師約翰．拉薩特（John A. Lasseter）在木已成舟的情況下，小心翼翼地向賈伯斯介紹一部新的短片動畫。當約翰．拉薩特打開故事板進行解說時，賈伯斯卻被以玩具為主角的這部動畫深深吸引住，原本黯然的神情一掃而空，甚至模仿起主角的聲音，為此欣喜若狂。當時賈伯斯已經在皮克斯投入了五千萬美金，又不想尋求外部資金，只能從自己的口袋拿出資金。儘管如此，他還是毅然決然地決定自掏腰包，投資動畫製作。

當約翰．拉薩特做完簡報後，賈伯斯對約翰說：「我對你只有一個要求，就是創造出偉大的藝術作品。」

賈伯斯之所以能在面臨財務危機時，做出重大決策，正是因為他始終秉持著「藝術家精神」的核心價值。事後，他是這麼說的：「我相信約翰正在做的事情是一種藝術。約翰重視藝術，而我也是如此。」他能夠堅守核心價值，是因為他很特別嗎？恰好相反，是因為他堅持，才因此變得獨特。人們做事時，可能會抱著懷疑的心態，也可能會全力以赴，兩者的差別之處在於價值觀不同。當一個人忠於自己所追求的價值，就能活出真正的自己，對工作也會充滿熱忱。

工作是人生不可或缺的一部分，而我們一天當中大部分的時間，都耗費在工作上。然而，如果工作價值不明確，可能會盲目地遵從公司規範，或是陷入困境躊躇不前。當這樣的狀況一再發生，就會逐漸失去人生的主導權，像獵犬聽從獵人指示一樣。倘若在工作中沒有自己的主見，而是盲從跟隨，就算把工作做得很好，也不會感到快樂。誠如小說家及哲學家艾茵・蘭德（Ayn Rand）所說：「所謂的幸福，是一種滿足自我價值的意識狀態。」

輕鬆找到工作價值

由於從事教育工作，我（昇完）經常有機會遇到各領域專家。雖然是來自不同領域的專家，成就各不相同，在他們身上卻可以看出一項共通點，正是擁有明確的工作價值。真正的專家除了實力卓越，會致力於將自己的價值觀與工作結合，這就是為什麼他們能夠成為專家。因為他們不僅對工作駕輕就熟，更為工作注入了靈魂。如果想成為一名專業人士，就必須確立自己的工作價值。

找到工作價值的好方法，就是從過往工作經驗中，找出五個做出重大決策的經驗。像是申請公司內部轉調、念研究所深造、邊工作邊準備證照考試，或是辭職去旅行數月等，從這些決定的背後可以看出你的價值觀。例如二十幾歲時一邊打工一邊準備公務員考試的人，或許代表他重視的價值是「穩定性」。如果是擁有好幾張難以取得證照資格的人，可能在乎的是「成就」或「發展」。請試著寫下與職涯相關重大決策標準的關鍵字。

接著檢視先前寫下的夢想清單，從中可以看出某種關聯性。例如，假設你的價值觀是「成就導向」，很有可能夢想也是想挑戰某件事物。或者你希望在離開這個世界時，別人對你的評價是「凡事全力以赴的人」。由此可見，價值觀影響的不只是工作，對人生也有深遠的影響。

想確立自己的工作價值，可以檢視工作價值列表（參照表5）。透過列表中列出的四十五個價值選項，找出驅使自己工作的動力，以及渴望透過工作獲得什麼。接著挑選出職涯決策時，最重要的五項考量標準，以及三項最不重要的。之所以不只列出一種，而要列出好幾種，是因為並非所有的決策都適用同一種價值。與職涯有關的決策包含就業、職務轉調、轉職、離職等各種不同情境，基於這點考量，也需要具備五種不同的價值。

透過探索工作價值的過程，可以發現自己在工作和職涯中重視的點是什麼？想在工作

表5　工作價值列表

確認欄	價值名稱	說明
	家人	從事能有充裕時間陪伴家人的工作
	獨立作業	從事能夠獨立作業的工作，盡可能避免與人互動
	競爭	從事藉由與他人競爭，證明自身實力的工作
	權力	喜歡在工作中支配別人
	薪資報酬	重視在工作中所賺取的薪資報酬
	高收入	生活富足，可以隨心所欲地購買奢侈品
	多元化	工作環境中聚集了各種宗教、人種、社會背景不同的人
	理想	透過工作感覺自己為重要的理想做出貢獻
	挑戰	即使承受風險，也喜歡追求新鮮有趣的挑戰
	名聲	從事能夠擁有或展現成功、地位、財富、身分的工作
	發展性	在能夠將自身潛力發揮到淋漓盡致的地方工作
	服務	從事能夠直接幫助到人的工作（無論是個人或團體）
	社會貢獻	從事能讓社會變得更美好的工作
	成就	達成有意義且重要的成果
	歸屬感	感覺到自己是某個群體的一份子

確認欄	價值名稱	說明
	時間自由	工作時間彈性，工作地點不設限
	職業安全	在安全健康的環境下工作
	迅速性	在工作步調快且需要迅速應對的環境中工作
	體力活動	需要體力、速度或敏銳性的工作
	室內活動	相較於戶外，能在室內進行的工作
	戶外活動	相較於辦公室和有限的室內空間，可以在室外（戶外）工作
	審美性	從事研究或欣賞物品與思想之美的工作
	穩定性	從事穩定與保障合理薪資的工作
	閒暇	享受工作之外的閒暇時光
	靈性	在支持個人精神信仰的環境中工作
	影響力	在工作中能夠引導別人改變想法或態度
	獨創性	透過繪畫、戲劇、文學等藝術表達自我
	地點	居住在符合自己生活型態的地區，考量到休閒時間、學習及工作方式，尋求適合的工作地點
	幽默感	在富有幽默感的環境中工作
	彈性／變化	工作內容時常依不同狀況而有所變動
	人脈	透過工作結交、認識不同的人
	認同感	獲得他人尊敬，或成就獲得認同

確認欄	價值名稱	說明
	工作與生活平衡	從事能夠達到工作、興趣與社交活動平衡的工作
	環境保護	從事對自然環境有正面影響的工作
	自律性	從事能夠獨立決策與行動的工作，無須依賴他人
	展望性	從事透過成果可以迅速獲得成長或升遷的工作
	經濟穩定	從事不必擔心經濟問題的工作
	特定專業	從事被公認為該領域專家的工作
	傳統	從事依循過往社會傳統觀念的工作
	正直	在重視誠實守信的工作環境中工作
	知識活動	從事追求知識、真理、理解的工作
	創意性	從事能激盪出創新想法的工作，而非沿襲既有作法
	體制化	在體制化及可預測的環境中工作
	團隊合作	比起個人成果，更重視團隊成果的團隊合作
	協作性	在團隊內維持緊密的工作關係，並努力朝共同目標前進，作為團隊的一員工作

出處：韓國 ASSESTA 研究顧問公司「工作價值卡牌」修正版

中獲得什麼樣的體驗？完成這項工作後，有兩個地方需要特別注意。

首先，完全不重要的三項價值，是職涯中必須設法避免的要素。這些工作就像吸血鬼，會吸取自己的能量，相較之下，做這些工作也會比較不快樂，感受不到工作的意義。除了選擇最好的，避免最壞的也很重要。選擇符合自己工作價值觀的工作，會讓生命發光，反之則會造成生活的負擔，這點請銘記在心。

接著，把最重要的五項價值視為職涯重心，這些價值不僅適用於職務轉調或離職，與主管進行績效面談或設定年度工作目標時，也能加以運用。如果列表中的說明不夠貼切，可以再自行修改。藉由這個過程重新確立自己的工作價值，並內化為自己的一部分。

然後再從這五項價值中，挑選出最重要的核心價值。這項價值是無論在任何情況下，都是不能妥協的首要原則。就算在別人眼中看來無妨，你都不應該選擇與這項核心價值背道而馳的工作，對你來說，從事這樣的工作不但難以成功，也很難獲得滿足。若是持續背離價值，內心衝突頻繁，最終會變得疲乏無力，或面臨意想不到的困境。

驗證工作價值的方法

根據我長期從事職涯教育工作的經驗，工作價值確實因人而異。令人意外的是，有些人會把「靈性」視為最重要的工作價值；也有人認為「地點」和「影響力」是最重要的。到目前為止，我從未看過五項價值完全一致的兩人。而且，這些上班族們也很少有人能清楚闡述自己的工作價值。許多上班族表示，他們並未認真探討自己在工作中最重視的價值為何。實際上，企業所舉辦的教育訓練課程，大多著重於商業或職務內容，幾乎很少提及工作價值觀。韓國的上班族之所以工作滿意度不高，也與這點有關。

倘若不知道自己重視的是什麼，內心會出現很大的空洞。為了填補內在的匱乏感，可能會參與各種聚會，想要爬到更高的位置，或把心力全放在子女身上，又或者會積極準備證照考試。雖然在過程中也有所收穫，但大多數的情況只會感到越來越空虛，更糟糕的是，甚至會沉迷於賭博、遊戲、藥物、酒精等事物，藉此填補空虛。過度沉迷於某種事物，反而會更消耗自己的心力，變得越來越不滿足。

價值觀對於我們如何看待世界、解讀世界與體驗世界，有著深遠的影響。不過，還不能完全確定，你所選擇的五種價值是否是真正的價值觀？此時必須從兩個層面進行驗證：

第一，是否經得起時間考驗？無論你的狀況是好是壞，都能堅守這項價值。反而是在困境時，真正的核心價值更能發揮力量並且屹立不搖。尼采曾經說過：「一個人知道自己為什麼而活，就可以忍受任何一種生活。」經歷了時間的熔爐，最終只留下那些禁得起時間淬鍊的人。

其次，價值觀必須在日常生活中生生不息。在做出重要決策時，它應該作為一個關鍵標準。賈伯斯曾強調：「我們的價值觀決定了我們是誰，我們的決定和行動反映了這些價值觀。」確立自己的工作價值後，在進行決策時，就能知道哪些價值對自己來說並不重要，同時也能明白自己真正在乎的是什麼。

價值觀不會輕易改變，但也不是完全不變。因此，倘若工作價值消失或不再是決策的標準，很可能表示面臨了職涯轉捩點，也可能是職涯必須做出改變的契機。若想知道何時該轉換跑道或做出改變，透過檢視價值觀，就能找到關於這項問題的可靠線索。

我（昇完）經常會回想自己的工作價值，在工作中犯下嚴重錯誤時，會重新檢視內心所重視的工作價值。這麼做是為了自我反省，在做出重大決策時也是如此，會先思考過做這個決定最重要的考量是什麼？次要考量是什麼？最不在乎的是什麼？我建議你也可以這麼做，藉由這個過程進行自我覺察，變得更加獨立成熟。

POINT

- 如果想成為一名專業人士，就必須確立自己的工作價值。
- 你必須自問：「賺錢、存在感、貢獻，三者中我最重視的工作意義是什麼？」進一步再問：「我所追求的工作價值是什麼？」
- 根據「工作價值列表」找出你在做職涯決策時最重要的五項考量標準，以及三項最不重要的。

方向：貫穿人生的一句話

許多偉大的人物曾經只是一介平凡人。甘地以律師身分首次出庭時，曾因為害羞和怯場一句話也說不出來，當場逃離法庭，最後還退還律師費，把案件轉給其他律師。林肯（Abraham Lincoln）早年曾是一名律師，由於出言尖酸刻薄，經常匿名寫文章批評對手，當時有位政客發現寫匿名文章的是林肯，甚至打算與他生死決鬥。有「韓國國父」之稱的白凡金九[15]，年輕時血氣方剛，曾在小酒館與日本人發生爭執，憤而失手殺人。

在這世上，眼睛所看到的未必是全貌。傑出人物的輝煌成就，只是舞臺上的一個面向，舞臺後的他們其實也有不成熟與犯錯的一面。他們也認為自己很平凡、沒什麼了不起，甚至覺得自己還有很多不足的地方。然而，他們和一般人不同之處在於，在生命中的某個時刻，在平凡與非凡之間創造出「某種改變」。一個平凡的人，要如何找到轉折點，邁向非凡之路呢？在我們兩位的共同著作《慢轉的力量》中，曾經針對這些人物的人生轉捩點進行深入探討。經過長期研究後，我們得出的結論是：正是因為他們找到了人生的「方向」，才得以就此翻轉人生。

我要往哪裡走？

為何方向如此重要？因為它攸關了解真正的自己以及人生目標。「我是誰？」是人類窮極一生探究的終極問題。當體悟到人生的方向時，對自己和世界的認知會產生很大的轉變與調整，其影響極為深遠，幾乎貫穿了整個人生。比太陽亮度高出兩千倍的北極星，自古以來是旅行者識別方向和緯度的重要依據。方向就像北極星，它本身雖然不是目的地，卻是能夠引領我們抵達目的地的指路明燈。

我（勝晤）在大學時期，發生了一件足以撼動整個人生的事情。有一天，我的視力突

⑮金九（一八七六年—一九四九年），號白凡，本貫安東金氏，是韓國歷史上的傳奇人物，著名的韓國獨立運動家，長期投身韓國抗日獨立運動，因而被尊稱為「韓國國父」。

然變得非常模糊，到醫院檢查後才發現罹患了青光眼，被宣判「六個月內可能會失明」。起因是長期熬夜讀書，兩天才睡一次，由於眼睛充血而常常使用類固醇眼藥水，因此埋下病因。經過長時間的治療，雖然勉強看得見，但缺損程度已經相當嚴重，視野變得狹窄模糊，幾乎無法復原。我為此沮喪了許久，一次又一次地問自己，為什麼這種事會發生在我身上？直到後來才發現，我的失明是因為自卑感作祟，不想輸給天生優秀的哥哥。由於沒有自己的方向，只想贏過哥哥，耗盡力氣往前衝，卻狠狠跌了一跤。

後來，我在一次因緣際會下，讀到了具本亨的書，成為改變的契機。在閱讀的過程中，我開始寫下關於「我」的故事，想擺脫哥哥的陰影，活出獨一無二的自己。我寫下了我擅長什麼、喜歡什麼，想到什麼就寫什麼。為了整理幾個月以來自我探索的結果，我和最要好的朋友一起前往濟州島。在旅館將隨手寫下的紙張攤開在地板上，包括我喜歡的東西、我擅長的事物，以及我所重視的價值觀等，試圖從中找出一條貫穿全部的脈絡，想找出一句話可以完整地表達自己。在窗外夕陽緩緩沉落之際，耳邊響起了一道微弱的聲音。

「獲得啟發，並與他人分享。」

那是我的聲音，卻從我身後的遠處傳來，剎那間內心悸動不已。在那一刻，我體悟到自己一直渴望過著「獲得啟發並與他人分享」的人生。在那些被書中一句話感動到無以復加的許多個夜晚，緊抓著哈欠連連的朋友不放，想和朋友分享書中的內容，就算朋友阻止也完全停不下來，甚至那次去濟州島的旅行，我還帶了兩本「夢想手冊」，那是我親自為朋友編寫的自我探索教材。這句話為我的種種行徑做出了完整的解釋。

當時，我壓根沒想過要離開工科領域。然而，那天夜裡，我和朋友聊人生聊到欲罷不能，當時的我就有預感自己應該會轉換跑道。理工科畢業後，我的第一份工作很自然進入了由戴爾・卡內基（Dale Carnegie）創辦的教育機構。從那之後到現在已經過了十五年，雖然從事過顧問、作家、講師、企業教育訓練負責人及人文學院研究員等各種工作，但我的方向始終沒有動搖，依舊喜歡與人分享各種人生體悟。未來又會如何呢？我目前雖然自己經營一人公司，但之後也可能會換工作，可能會在學長經營的學院擔任職涯諮詢顧問，倘若手頭仍有餘裕，也可能開一間小小的人生相談咖啡廳，或成為替客戶解憂的計程車司機，提供給客戶適當的建議。我往後的人生或許會換工作，職業名稱也可能不同，但職涯

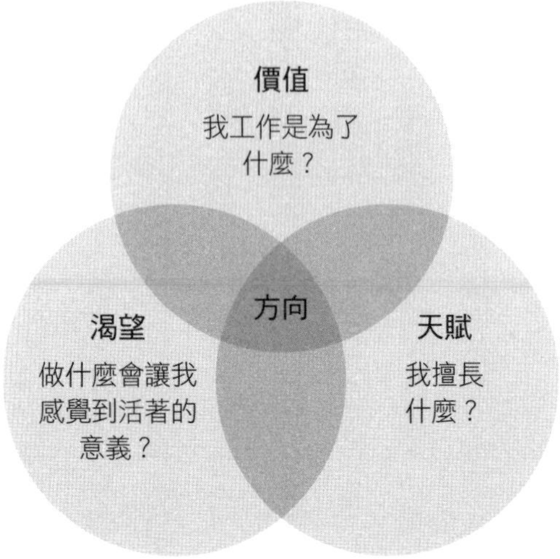
價值
我工作是為了什麼？
方向
渴望
做什麼會讓我感覺到活著的意義？
天賦
我擅長什麼？

圖12　找到人生方向的三個圓

方向不變，仍會是「獲得啟發並與人分享」。

找到人生的代表句

「哪些句子涵蓋了我的生命本質？」以這個問題開頭，試著觀察自己。在紙上畫出三個圓，接著寫下自己的「渴望、天賦與價值」，並從中找到一個脈絡。它們之間的共通點是什麼？我生命中絕不會動搖的北極星是什麼？人生的方向並不只是濃縮或總結而已，而是一種洞悉自我的覺察。你也可以獨自旅行一兩天，保持靜默，把大自然當作朋友，深入自己的內在，好好思考如何度過餘生，練習與自己對話。

如果可以，試著用一句話表達自己。句子越是簡單，越能凸顯我們的存在核心。美國政治人物克萊爾・布思・魯斯（Clare Boothe Luce）曾向約翰・甘迺迪（John F. Kennedy）表示，偉大人物的一生僅以一句話就能闡述，例如，足以形容林肯的一句話是「守護美利堅，解放黑奴」；小羅斯福（Franklin Delano Roosevelt）總統的代表句則是「帶領人民走出經濟大蕭條，並贏得第二次世界大戰」。

不只政治人物，優秀的獨立工作者也有屬於自己的代表句。賈伯斯視為人生首要目標的一句話是：「創造滿足人們需求的偉大產品，建立永續經營的公司」。誠如他所說，「除此之外，其餘都是其次」，他始終堅持這項使命，不斷追求「保持渴望，堅持傻勁」（Stay hungry, Stay foolish）的目標。脫口秀天后歐普拉（Oprah Winfrey）則把「以身作則，引領人們活出最美好的人生」視為自己的人生座右銘；知名趨勢寫手丹尼爾・品克則是「以幫助人們更清楚理解世界，過著更充實的生活為目的而寫作」；素有「行銷教父」之稱的菲利普・科特勒（Philip Kotler）則將「以行銷的眼光看待世界和人生」作為自己人生的方向。

我（昇完）的人生方向更簡單了，只有兩個字，那就是「心齋」，意思是「自我反思與成長」。我在讀《莊子》時，一看到這兩個字，就深深烙印在心中，那是我所嚮往的境界。從那時起，我便把這兩個字當成人生座右銘，把自己經營的一人公司取名為「內容實驗室（心齋）」，就連我最珍惜的空間——書房也命名為「心齋」，原因正是如此。

你呢？你是否能以一句話闡明人生方向？你如何描繪自己真正想要的生活？當你找到與內心共鳴的方向時，方能讓心穩定下來，進而開創嶄新的人生。找到人生的方向後，你會更了解自己，知道該做什麼？未來該往哪裡走？同時也能帶領著我們抵達心之所向的地方。透過這段旅程體驗獨一無二的人生，從中學習成長，這正是方向背後真正的目的。

每個人的墓碑上都會刻上自己的生日與忌日，我總是想應該還要再加上一個日期，那就是找到人生方向的那一天。誠如名言所說：「人生是B與D之間的C。」[16] 找到方向選擇一條新的道路，可以說是人生中最重要的一刻。終其一生致力於帶給人們歡笑的蕭伯納

[16] 原文為「Life is C between B and D.」，B指出生（Birth），D指死亡（Death），C則是選擇（Choice），亦即人生就是從出生到死亡之間的一連串選擇組成的。

（George Bernard Shaw），在自己的墓誌銘寫下：「我早就知道無論我活多久，這種事遲早會發生。」就連面對死亡這件事，也能保有幽默感。他在生前說過：「人生真正的目的，是為了自己的目標而活。」出生是生命的開始，卻不是目的所在，死亡也絕非人生的目的。當你找到人生的方向，就意味著體悟到人生的目的。朝人生的方向邁進，開創嶄新的人生。

POINT

- 在紙上畫出三個圓，接著寫下自己的渴望、天賦與價值，並從中找到脈絡：它們之間的共通點是什麼？我生命中絕不動搖的北極星是什麼？
- 請試著用一句話表達自己。句子越簡單，越能凸顯我們的存在核心及人生方向。

3

等待力

面對重重考驗

不要爲了尋找自我而離職

香港武俠電影有一套既定的框架模式。一心只想復仇的主角，跪在武林宗師面前，乞求師父收他為徒。但師父並不輕易將武功祕訣傳授給他。一開始，師父只叫他煮飯、洗衣、打掃，做一些看似與習武毫不相干的瑣事。每天挑水、砍柴、在頭上頂著甕、在木樁上來回跑跳，幾年下來一再重複做著這些事。許多弟子受不了苦難的磨練和師父的冷漠對待，紛紛憤而離去，但主角卻默默承受一切。直到某天，師父突然開恩，決定收他為徒。

通過第一道關卡的主角，開始正式拜師學武。他很快就將基本功夫練熟，並對自己身體的柔軟度和強勁的力道感到驚訝。他才發現原來花上數年做這些看似不起眼的瑣事，讓他在不知不覺中練就了一身基本功。扎實的基本功夫，再加上與生俱來的天賦，他一步步學習更高深的武功，武藝日益增強。等他終於練就屬於自己的必殺技，便拜辭師父下山，最後終於成功復仇。類似這樣的情節不只出現在電影，也是世界各地神話與英雄傳奇普遍的故事原型。

職場是最好的學校

職場生活亦是如此。公司為了考驗新進員工能否持續精進，會先指派他們做一些雜事。在交辦重大任務之前，先讓他們從小事開始做起，測試是否能認真做好每一項工作。認真是所有職場工作者必備的基本功，要練就任何高深的武功，也都必須先把基本功紮實練好。只要認真做好手上的每一件事，會赫然發現自己變得越來越強大。

找到自己想做的事，並不表示只要盡快開始行動，就一定能成功。許多人由於找到自己想做的事，毅然辭職後，大多數不到一年就重返職場，待遇條件甚至比原本的更差。因為在外面繞過一圈後，才發現世界並不像他們想的那麼簡單。如果實力不夠堅強，就難以在高手林立的武林中生存。因此，即使現在做著的不是自己喜歡的工作，也要先將目前的職場和工作當成修煉場，好好鍛鍊實力。一個方向明確的獨立工作者，無論在任何狀況下，都能把職場當成學校學習。

我（勝晤）在歷經十四年職場生活後，自立門戶成立了一人公司。在那之前，我曾經待過大企業和中小企業，也待過顧問公司、NGO等各種機構。直到離開公司後，才有機會重新檢視過往經歷。崇尚自由、主觀意識又很強的我，待在公司體制內的那段時間，其實過得並不快樂。但我可以肯定的是，多虧這十四年的職場經驗，我才能學到這麼多東西。就我而言，至少從以下這五個面向來看，公司是最好的學校。

第一，可以進行各種嘗試。我在LG電子擔任新進員工教育訓練工作時，把自己設計的《指南針課程》引進公司內部。這套課程的核心重點並不是針對企業組織，而是著重於個人生涯方向探索的過程，通常職場教育訓練負責人往往會擔心造成離職率升高，不敢引進類似的課程。不過，恰巧我就是那位「負責人」，我以「職場工作者自我開發」的脈絡作為基礎，修改課程內容後並引進企業。每年有三千名新進員工修完這門為期一天的課程，不但成果彰顯，幾年來在業界更是被評為滿意度最高的教育訓練課程。收到許多員工們的反饋，不斷修正調整後，托他們的福，這套指南針課程現在是我個人公司最大的營收來源。

第二，基於利害關係，在公司可以接觸到各式各樣的人。獨立創業後，常會遇到客戶各種千奇百怪的要求。此時如果抱著「這種客戶不要也罷」的心態，事業發展將會受限。在職場上與形形色色的人一起共事，有助於提升包容力。公司裡有菜鳥有老鳥、有員工有主管、有男有女、有老有少，可以和不同群體相處，共享喜怒哀樂。雖然難免會遇到「天兵」，卻也是一種磨練的機會。此外，公司也是可以嘗試切換各種角色的地方，像是從菜鳥變成資深前輩，或是從追隨者變成領導者，站在不同位置上，體驗不同角色，能藉此練習理解他人。

第三，可以透過不熟悉的工作開發個人潛力。根據教育顧問喬斯·艾瑞茲（Jos Arets）的研究指出，相較於「上課／閱讀」（十%）或「與他人合作」（二〇%），「實際工作經驗」（七〇%）更有助於提升工作能力。尤其當我們不斷嘗試新的工作和角色時，自然有更多開發潛力的機會。我的第一份工作是在卡內基教育機構擔任業務，雖然第二年開始當講師上臺講課，但因為課程性質著重於人際關係教育，並且是以「做中學」（Learning by Doing）為基礎的激勵式課程，兩者皆與我極度內向的個性不符，因此壓力更是非同小可。但回過頭來看，多虧那些經驗，現在的我才能夠待人圓融，也才得以輕鬆開發新客戶並贏得訂單。此外，我也越來越懂得掌握激勵式課程的引導技巧。這都是由於嘗試陌生工作，進而培養了我的實力。

第四，能理解各部門的角色與合作模式。在公司最明確可以學到的東西，就是了解公司組織。了解大公司如何有效運作，例如各部門的目標與資源分配、工作項目、人力配置、公司章程及作業程序等，這些在商業中都是必要的知識。要了解的不只是企業客戶（Business to Business，簡稱B2B），也必須掌握個人客戶（Business to Customer，簡稱B2C）的想法。由於個人客戶大部分也都是職場上班族，了解客戶在各種不同部門從事的工作及他們主要的煩惱，才能更有效地幫助客戶。

第五，可以學習工作的基本能力。所謂的基本能力，包括如何設定工作目標、如何管理時間、確保工作進度，以及如何進行商務溝通，像是撰寫電子郵件、報告、召開會議等基本工作技能。無論在什麼行業或公司工作，具有扎實工作能力的人不僅值得信賴，也會更容易被注意到。就算只是發送電子郵件，基本工作能力扎實的人，除了信件標題和內容，就連填寫收信者和副本收信者的地方，也能看出差異。「職場Sense」無法透過書本或上課學習，唯有真正在職場上磨練過才能學會。

除了上述五點外，職場生活中還能學習到許多事物。此外，在職場中的所有學習，不僅不需要支付學費，還能得到薪資。從這些層面來看，職場真的是很好的學校，不是嗎？

職場上學不到的東西

不過，也有一些重要的能力是在公司無法學到的，大部分與自主能力有關。公司就像動物園般是被圈養的環境，會讓人慢慢失去在外獨自生存的能力。獨立工作者想要自立門戶，就必須學會在外闖蕩的生存要領。

首先，最重要的就是時間管理能力。在公司上班時，因為大部分的時間都是由公司管控，難以意識到這項能力的重要性。然而，當自己在家工作或為了轉換跑道辭職時，就會明白時間管理並不容易。尤其是辭職後，大部分的時間都是自由的，聽起來似乎很開心，但大概放空三個月後，就會意識到時間管理的重要性。就算把今天的工作拖到明天再做，也不會有人指責，因此一直無止盡地拖延下去；由於沒有固定的下班時間，也可能會經常熬夜，把身體搞壞。對於從未管理過自己一天時間的人來說，「時間自由」形同災難。

在我辭掉第一份工作時，一開始覺得很自由，內心興奮無比。但隨著就寢時間和起床時間越來越晚，導致失眠和憂鬱症上身，只好求助於精神科醫師。直到過了七個月，轉職到另一間公司後，才終於從泥沼中走出來。因此，在離開公司前，必須先學會管理自己的時間。無論是上班前或下班後，一天至少撥出兩小時，成為自己時間的主人。要練習握有時間掌控權，最好的方式是為未來的職涯發展制定學習計畫。（針對這部分，將在第四章加以詳述。）

第二項是差異化，這項能力對在大企業上班的人來說尤為重要。長期待在大公司的人，最大的弱點就是傾向一成不變的工作模式。由於小公司在人力不足的情況下，經常需要身兼多職；在大公司上班的人習慣各司其職，長時間做相同的事，一再重複「同質性經驗」。在職場中生存，平凡或許是種美德，但就獨立創業而言，無疑是個致命傷，我們必須盡可能地創造豐富的「異質性經驗」。即使考證照，也應該選擇較少人報考的；或是藉由參與各種專案或公司社團，拓展自己的視野。申請部門轉調、職務調動、海外派遣等，也是不錯的方法。我聽過在業務部門工作一陣子後，轉調到商品研發部門，開發出符合客戶需求的產品提升銷售，就是很好的例子。就算重新回到原本的部門，在先前部門累積的人脈和技術，也對自己的本業有很大幫助。透過累積不同的多元經驗，可以展現自己的差異性。專業能力加上差異性，就能創造屬於自己的工作。（這部分在第三章的〈必殺技〉

和〈創職〉中，會再詳細說明。）

一個方向明確的獨立工作者，不會因為找到自己要走的路就輕易離職，反而會把職場當成學校，學習所有能學的基本技能，等待合適的機會。即使是影印文件和撰寫會議紀錄這類瑣事，也都能抱著「魔鬼藏在細節裡」的心態，盡力做好每一項工作。奇怪的是，這種態度反而會讓這樣的人很快就不必再做這些雜務。此外，這類人每天會抽出一定的時間積極學習，並拓展經驗範疇，展現自己的差異性。即使身處在高手橫行的武林中，也能施展屬於自己獨一無二的「必殺技」。如此一來，不管繼續待在公司或離職創業，選擇權都在於自己，無論在哪裡工作都能游刃有餘。

POINT

- 待在公司內有五個優點：第一，進行各種嘗試。第二，接觸到各式各樣的人。第三，透過不熟悉的工作開發個人潛力。第四，能理解各部門的角色與合作模式。第五，學習工作的基本能力。

把天賦培養成優勢

發掘天賦，好比從地底下挖掘鑽石的原石。換言之，如果天賦是原石，優勢就是鑽石。即使手握原石，原石也不會平白無故地變成鑽石。質地粗糙的原石，唯有經過高溫熔煉與打磨加工，才能淬鍊成鑽石，而鑽石的價值取決於原石品質和加工精密度，加工的過程對鑽石價值的影響，遠比我們所想的來得更大，將天賦昇華為優勢的過程也是如此。

方法一：和天賦當朋友

先前我們把天賦定義為「可以靈活運用的思想、情感與行為的重複模式」，或許是因為這個定義，有些人會把天賦和習慣搞混了，但兩者其實是截然不同的。天賦能昇華為優勢，但習慣卻無法。當我們某種程度上養成習慣後，下意識會變成自動化反應，毫不費力

優勢＝天賦×知識×經驗

天賦內化
- 天賦檔案，更新

有意識地選擇和運用
- 工作時有意識地運用天賦

適切學習
- 運用3R原則學習

透過學習強化天賦
- 而非著重補足弱項

深度練習
- 艱難的目標、失誤
- 調整、反饋
- 放慢速度、緊張感

表6　開發優勢的三種方法

地就能把事情處理好。例如習慣開車的人，可以一邊講電話一邊開車。養成習慣的目的並非提升，而是維持。想要將天賦化為優勢，不能只停留在習慣而已，因為開發天賦必須不斷創新和持續進步。就像雖然會開車的人很多，但賽車手和一般人的開車技術差距依然相當大，原因就在於此。我們必須有意識地開發天賦，才能建立優勢。

優勢可以簡單定義為「優勢＝天賦×知識×經驗」。值得注意的是，在這項公式裡，三種變數的關係並非「加號」而是「乘號」。就算天賦是一百，如果知識或經驗值為〇，優勢也會等於〇。反之，倘若天賦偏低，即使再怎麼努力，獲得的成果也有限。

由於這三種變數是相輔相成的，當三者越協調，優勢就越強大。換言之，想要開發屬於自己的優勢，三者缺一不可。必須先明確掌握天賦，接著學習相關知識與技能，最後再透過練習累積經驗。

想要確切掌握天賦，有兩件事是必要的。第一，先清楚了解自己的天賦，並將天賦「內化」成自己的一部分。如同先前在「天賦檔案」中所提到的，用自己的話描述天賦，並時常更新「天賦檔案」，是內化天賦的關鍵所在。第二，在工作中有意識地運用天賦。好比健身房教練總是強調想要鍛煉肌肉，你必須有意識地注意到運動時肌肉的伸展，而不是隨意舉起啞鈴。許多心理實驗反覆測試的結果也指出，當有意識地將打掃視為一種運動，實際上運動效果會更好（嚴格說來，在健身房流汗運動消耗的熱量，與打掃時消耗的熱量，基本上並無太大區別）。工作時有意識地選擇運用自己的天賦，並觀察自己如何將天賦運用在工作中，最好能建立起這樣的習慣。

方法二：學習能幫天賦裝上翅膀

將天賦培養為優勢的第二個方法是經由學習加強天賦。學習天賦相關事物，能獲得相當大的成效。學習專家建議為了有效學習，可以考慮採用3R原則：

適合的內容（Right Contents）：應加強提升天賦的知識，而非補足弱項。雖然大家通常認為透過彌補不足的地方，才能讓自己獲得成長，但這是一種既定觀念，學生時期為了提升成績，往往是從自己最弱的科目開始加強。但成人教育則不同，專精自己擅長的領域，會比補足弱項來得更有成效。假設在克利夫頓優勢評估測驗中，測出的結果是「理念」（Ideation）或「戰略」（Strategic）的人，可以藉由學習創意相關事物，將自己的天賦發揮到淋漓盡致。在多元智能測驗中「語文智能」方面獲得很高分數的人，加強語言溝通相關能力，能夠獲得最大的成效。因此，建議未來盡可能地著重於學習能夠提升天賦的事物，而非補足弱項。

適合的工具（Right Tool）：每個人學習風格不同，選擇適合自己的學習工具，效果會更顯著。首先，必須先確定自己偏好的學習風格，可能是透過閱讀書籍或論文等資料學習，可能藉由上課或看影片的方式學得更好；也可以透過嘗試接觸各種事物的方式學習，或用對話或討論的方式學習、藉由模仿快速學習等。發展天賦時，盡可能運用適合個人學習風格的學習工具。如下表7所示，可作為範例參考。

學習風格	天賦發展策略	學習工具
分析型	• 透過理論、實習、角色扮演等事前學習 • 開始嘗試新任務前，需要有充分的時間準備	專業書籍、上課、文件資料、線上學習
試錯學習型	• 先從難易度適中的任務開始嘗試，根據結果再逐漸提升難易度 • 賦予困難的目標	沉浸式學習工具、模擬體驗、紀錄、案例研究（Case Study）
互動型	• 經常與專家面談尋求協助 • 團隊學習 • 與成功者進行個人諮商	教練的反饋、觀察專家的實際成果、組成學習團體或社群

表7　各種學習風格適合的天賦發展策略

適合的方法（Right Way）：接下來是學習方式，也就是用什麼樣的方法學習。學習方式大致上可分為輸入式（Input）與輸出式（Output）。輸入式學習法著重於理解知識和技術，例如：閱讀、上課、查詢和蒐集資料、做筆記等。輸出式學習法則著重於學以致用，把學到的內容融會貫通並加以運用，像是整理大綱、上臺發表、討論、實驗、教案設計、製作樣品、寫作、運用在工作和興趣等。輸出式學習雖然比輸入式學習執行起來更麻煩，但只要認真實踐，效果十分顯著。撰寫書評並將從書中學到的東西運用在自己身上，比起僅僅只是閱讀，來得更有成效。無論學習任何事物，兩種學習方式都必須同時並進，最好按照天賦發展程度調整比例。由於相較於輸入式學習，輸出式學習需要耗費更多心力，相對來說較難持之以恆。如果過度勉強，反而會導致學習欲望大幅降低。因此，初期建議先以「輸入式學習」為主，再慢慢地嘗試增加「輸出式學習法」，是較為理想的做法。

方法三：深度練習是邁向優勢必經之路

想要鞏固優勢，練習是非常重要的，不過有一點必須謹記在心：不要只是長時間反覆練習。一開始練習時，時間和實力雖然大致上成正比，但實力超過一定水準後，相較於投入練習的時間量，品質更重要，也就是必須更著重於練習的內容。根據最近腦科學與認知心理學研究，紛紛強調卓越的關鍵在於「深度練習」。深度練習有別於一般隨意練習，是一種持續專注於突破自己的界限，進而提升自身實力的訓練方式。

職棒選手每天練習揮棒數百次，在門外漢看來，反覆揮棒的動作，幾乎看不出任何差異。然而，若是每次揮棒的動作都一樣，就不需要每天練習數百次。最優秀的球員會在簡單的揮棒動作中，突顯自己的優勢，敏銳地找到進步的可能性，並反應在下一次的揮棒。每天不間斷地持續這個過程，努力讓自己比昨天更進步。

相較之下，大多數的人不會以這種方式練習。我們之所以無法精通某事，是因為一旦認為自己已經學到某種程度，就不願再嘗試挑戰極限。不妨回想看看，我們一開始學習感興趣的事物時，由於一切事物都是新鮮的，對於挑戰極限的意願比較高，因為只要稍加努力，馬上就看得到進步，也會比較有成就感。但等實力達到中等以上的水平後，就會開始對練習興趣缺缺。隨著難度增加經常出錯，突破極限變成了一種壓力，實力也難以提升。因此，達到一定程度後，容易滿足於現況停滯不前。在這樣的情況下，即使練習的時間增加了，實力也只能維持現狀。

深度練習的關鍵，在於持續突破自己的界限。界限除了是擋住自己的一道牆，也是通往新世界的一扇門。絆腳石不會變成墊腳石，必須靠自身的努力，設定比自己最佳表現再稍高的目標，持續不斷地朝目標前進。我們通常把這種目標稱為「甜蜜點」（Sweet Spot），但實際訓練過程並不甜蜜。倘若練習起來很輕鬆，就表示並不是很認真在練習。在深度練習的過程中，是不可能笑得出來的。即使是世界頂尖選手，一天也很難維持超過四小時以上的深度練習。

如果設定的目標很遠大，犯錯是再正常不過的事情。深度練習的本質，在於揪出這些犯錯的地方，作為練習的重點反覆修正調整。抱著「今天無論如何一定要把這部分改過來」的心態，明確列出應改進事項，針對這些地方持續練習，直到完全上手為止。容許越多的錯誤發生，並不斷調整改進，能力會大幅提升，技術也會越來越純熟。練習過程中失誤越多，真正上場比賽時反而不容易失誤，這就是練習的悖論。

深度練習的另一項悖論是「速度」。如果希望在實際比賽中，能夠快速且精準地駕馭某項技術，練習時就必須放慢速度。尤其是在反覆修正錯誤的過程中，盡可地放慢速度練習，將注意力集中在調整失誤。就像把房間弄亂只需要幾分鐘，但要重新整理得花上好幾個小時，是一樣的道理。練習時盡量放慢速度，把需要改進的地方加以調整，實際比賽時就能變得更敏捷。

深度練習的流程可以總結為：「設定遠大的目標→嘗試→失誤→修正（慢速、緊張感）」，不斷重複這個過程。這並不是新的理論，我們在學鋼琴時，優秀的老師會挑選一首比目前實力更進階的曲子作為目標，並要求我們將練習過程中失誤的地方，當作練習的重點，放慢速度反覆練習，直到能夠完整地演奏完整首曲目為止。設定比目前更進階的目標，不斷地失誤再重新改正，自然會帶來緊張感。想要將天賦化為優勢，也必須經過同樣的練習，透過深度練習跨過門檻後，就能實現爆發式成長。

我（昇完）在第三本書《第一本人生寫作書》（暫譯），是與同事共同執筆。在那之後，我深刻體認到深度練習的力量。回想起來，對一個只出版過兩本書的人來說，出書「教人家寫書」本身就是一項艱鉅的目標。果不其然，初稿幾乎可以說是慘不忍睹。光是修改初稿，從頭到尾改就了不下十次，還跟另一位作者交換原稿互改了五次。校稿進度極為緩慢，比撰寫初稿的時間多出兩倍以上。然而，修改邏輯不通的地方，補充內容不完整的部分，這些來回修正的過程，正好合乎深度練習的本質。歷經這段痛苦的過程後，深深有感校稿才是鍛鍊寫作實力的核心關鍵，因為我親身體驗到，越是不斷地修飾琢磨字句，寫作能力越是進步。

深度練習是邁向卓越必經之路，根據許多研究顯示，這條路並不好走，是一條難走的窄路。然而，一旦下定決心踏上這條路，就等於抓住機會成為這條路上的佼佼者。孟子曰：「流水之為物也，不盈科不行。」想要成為頂尖，必須像流水注滿小坑後才會繼續向前流一樣，循序漸進的學習；職場上班族想要成為獨立工作者，也必須歷經深度練習。身為獨立工作者，才能領會到練習的箇中滋味，他們把練習當成是一種探險，而非乏味痛苦的過程。無論繪畫、手工藝、跳舞、寫作、演講等任何事物，即使是每天重複的事情，也都能從中發現新事物並找出可能性。追求成就是「活在過去」，追求目標是「活在未來」，唯有著重於練習，才是「活在當下」。

POINT

- 優勢的公式是「天賦×知識×經驗」。因此想要開發屬於自己的優勢，三者缺一不可。
- 將天賦培養成優勢的方法，一是清楚了解自己的天賦。二是經由學習加強天賦。三是深度練習。

必殺技：最擅長的專業技能

如果你現在是職場上班族，不妨拿出自己的名片，把名片上的公司名稱、部門、職稱蓋起來。接著問自己：我可以離開公司自立門戶嗎？能夠自信地回答「我可以」的人，大概不到十分之一。職場和工作是不同的，職場無法給予任何保障，但工作可以保障自己——不過前提是，在工作中必須擁有自己的「必殺技」。必殺技指的是「差異化專業」。獨立工作者能憑自己的實力謀生，不需仰賴公司，靠的就是「必殺技」[17]。

最獨特且強大的力量來自於成為真正的自己，創造屬於自己獨一無二的武器。必殺技不是從別人身上學來的，而是從自己身上發掘並練就的頂尖能力。那麼，如何創造自己的必殺技呢？

現在的工作是必殺技的基礎

想要創造必殺技，不必向遠處尋求。從自己目前從事的工作中，就能找到創造必殺技的基本要件。任何職務都不是單一工作項目，而是由各種細項工作所組成。工作中所要執行的各種事務，稱為工作事項（Task）。在這些工作事項中，有些工作相較之下很重要，但有些並不。此外，你可能會遇到適合自己個性，做起來開心又上手的工作；但也有可能碰到自己不喜歡，做起來很痛苦，又做不好的工作。

想要在公司中創造必殺技，必須先仔細觀察自己目前正在做的工作，從中挑選出一種工作項目，再專注地深入鑽研。無論你目前從事哪種工作，所有工作事項都可以納入圖13的四個象限中。

被歸納在「專案區」（Project）的是公司認為很重要，同時也與自己個性相符的工作。這些工作做起來讓人特別有成就感，也是創造必殺技必須掌握的關鍵要素。把一半的

⓱ 本章節提到的必殺技，內容參考改革經營專家具本亨老師所研發出來的「必殺技創造模式」。我們兩位長期以來將這套模式應用在自己身上，洪昇完作家更參與了《具本亨的必殺技》（暫譯）共同執筆工作，同時也在「必殺技創造模式」課程中擔任教練。

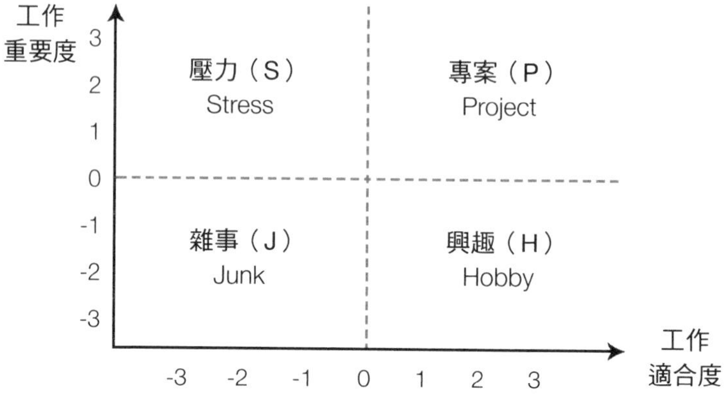

圖13　工作重要度—適合度四象限

上班時間和精力投入在這類型的工作，是最理想的情況。落在「壓力區」（Stress）的工作項目，是公司認為很重要，但因為不適合自己的個性，執行起來相較之下是最費力的。這些大多屬於重要卻棘手的工作，不需要盡全力做到最好，只要投入三〇％的心力在上面，維持一定的水準即可。不適合耗費太多心力處理「壓力區」的工作，但考量到其重要性，仍需適時管理。

「興趣區」（Hobby）對公司而言並不重要，卻是自己喜歡做的事。或許從事有興趣的工作，無法獲得立竿見影的成果，卻是值得投資的領域。明智的做法是不要純粹把這件事當成興趣，而是投入二〇%的時間和精力，認真研究蒐集資料，利用業餘時間學習，為未來做準備。最後，屬於「雜事區」（Junk）的工作，經常會打斷工作步調，浪費無謂的時間。建議盡量推辭或減少把時間花在這些工作上。

分析工作的重要性和適合性

現在，就讓我們一起發掘成為獨立工作者必備的必殺技吧！首先，把目前從事的工作拆解成十至十五個工作項目，再將它們分類到上述四個象限中。這裡的重點在於：必須仔細觀察目前的工作內容，並檢視這些工作的優先順序。可以利用以下兩個問題，替每項工作打分數，接著在「工作重要度—適合度四象限」中標出座標位置。

1. 這項工作適合我的個性嗎？（工作適合度）
2. 這項工作對公司的重要性？（工作重要度）

針對工作適合度部分，可以從個人優勢的觀點作為評分標準。另一方面，工作重要度則可以站在公司的立場評分。職場上班族的第一位顧客，正是自己所在的公司。公司是透過聘僱契約，為自己所提供的能力和服務長期買單的客戶。此外，公司重視的事情表示有「市場需求」，如果能把這項工作做好，就表示「你」這個人可以在市場上進行銷售並具有競爭優勢。

將工作項目進行拆解和分類時，不要一開始就想要做到一百分，最好抱著做到八十分就好的心態開始。透過檢視職務內容和過去一個月內主要的工作，就能輕鬆做到。實際執行起來，粗略地區分後，大概不到十個工作項目。或者有些工作定位模糊，不知道該歸納在哪個象限比較好。儘管如此，至少先把工作細分為十個以上的工作項目，憑直覺找到最合適的象限填入，之後再進行修改即可。詳細做法請參考表8及圖14。

選擇投入重點工作項目

現在試著從「工作重要度—適合度四象限」中，挑選出三至五項重點工作項目，進而培養成必殺技。如果選擇的重點工作項目太少，必殺技會變得貧乏；太多則導致資源分散，無法培養成必殺技。考量到這點，選擇重點投入工作項目時，建議根據以下三項標準

表8　各項「工作重要度─適合度」評分總表範例

工作細項概要（工作項目名稱）	重要度	適合度
參與核心課程策略模式發想。（企劃發想）	3	3
調查教育趨勢及競業教學現況。（市調）	3	2
為了掌握教育議題，舉辦教育相關人士聚會。（舉辦聚會）	-1	1
調查教育需求並分析結果。（掌握需求）	3	1
配合教育體系及人才培訓方向，開發相關教育課程。（課程開發）	2	3
與外部教育機構合作進行專案規劃，並簽訂合約。（外包管理）	1	2
為了課程順利進行，尋求相關部門及行銷團隊支援。（尋求支援）	3	-1
選定上課地點，協助上課過程。（課程經營）	2	-2
針對專案內容對員工進行教育訓練講座。（內部講座）	-1	3
針對課程回饋進行結果分析並列出改善方向。（課程回饋）	2	-1
為了提升培訓部門人力資源管理技能，規劃相關課程。（團隊訓練）	-2	3
課程結束後輸入學員資料並建檔管理。（後續管理）	2	1
建立人才培訓及管理協助制度。（人才管理）	1	1
提供人事部語言課程相關資料。（支援人事部）	1	-1
為了學員方便，進行數位學習系統優化及維護。（數位學習系統優化）	-1	-2

* 此份資料是由中小企業年資七年以上的人力資源開發（HRD）從業人員所撰寫。

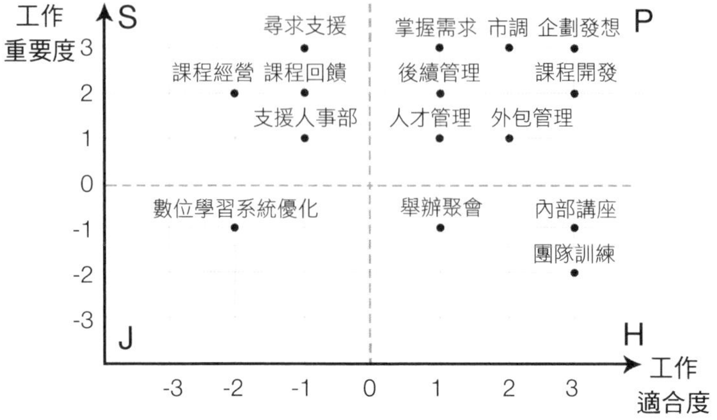

圖14　以〈表8〉為基礎，依照工作重要度—適合度畫出各項工作分布位置圖

進行挑選。

第一，把重點擺在「專案區」象限中工作適合度最高的工作項目，這些工作附加價值最高，同時也是自己最擅長的事物。第二，在「興趣區」象限中挑選自己最喜歡的工作項目。具有優勢同時又能展現熱情的工作，適合作為培養未來必殺技的基礎。根據以上兩項標準，從圖14中的「專案區」和「興趣區」，各挑選出各兩個重點工作項目，其結果如圖15顯示（以畫底線的方式標示）。第三，若是能夠看出未來發展潛力的工作項目，即使是適合度只有一、兩分，只要投入充分的時間努力，也會

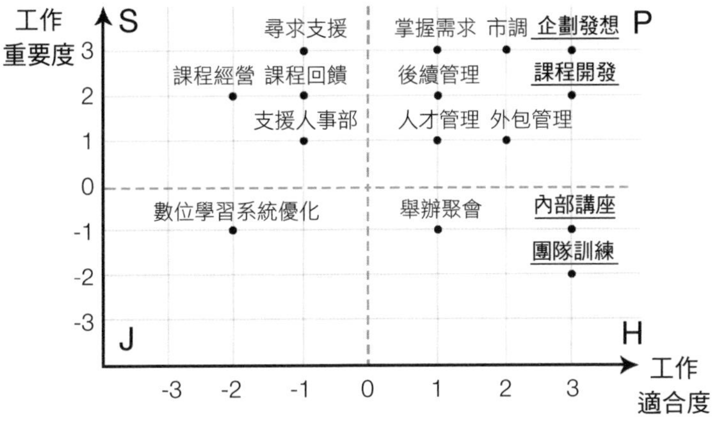

圖15　人力資源開發（HRD）從業人員策略性工作項目選擇範例

有不錯的成果。倘若目前位於「興趣區」的工作項目太少，可以從過去曾經做過的工作或個人休閒活動中，挑選出能和目前工作相輔相成的事物，也是不錯的方法。

被歸納在「專案區」和「興趣區」的工作項目，是最適合培養成必殺技的項目。如果要將「壓力區」的工作培養成必殺技，就鍛鍊差異化能力的觀點而言，並非明智之舉。但在重點工作項目中，若有不足的地方，仍必須好好加強，至少維持在平均以上的水平。例如，假設你把「演講」設定為必殺技培養時，即使擬定演講稿是屬於「壓力區」的工作，也不能因此放棄，因為對講師而言，擬定演講稿是必備的能力，必須具備撰寫演講稿的基本功。

作家具本亨在ＩＢＭ經營創新部門工作時，他把重點擺在兩件事情，第一件事是屬於「專案區」的工作，主要是開發適合韓國的創新課程。由於美國ＩＢＭ總公司開發的課程，經常與韓國國情不符，因此必須加以研究，邊做邊修正。另一件事則是在公司內部講課，是屬於「興趣區」的工作。公司並沒有特別要求，只要讓員工們了解營運創新部門及相關制度即可，但他希望能透過講座激發大家的興趣，積極投入備課工作。

他強迫自己把這兩件事做到最好，花了很多心思在這兩件事上。他不想只是依照ＩＢＭ總公司主導的創新課程進行，不願意當一個聽話照做的執行者，致力於開發適用於韓國的創新課程模式。他額外抽出下班時間學習，認真研讀國內外經營創新相關書籍，大量研究許多公司案例，藉此了解各種創新模式，並分析其優缺點，培養實力開發出更好的模式。他甚至在沒有人要求的情況下，自己在經營創新部門設置了一座小型圖書館，還和部門同事一起翻譯國外經營創新相關書籍。

此外，他為了讓被強迫來聽演講的員工們，心中能燃起對改革創新的火花，在講臺上講課時使出渾身解數。除了上臺講課，就連在會議上簡報，也把它當成是鍛鍊表達能力的機會，希望能夠讓與會者感到印象深刻。他立志至少要成為ＩＢＭ公司內部最優秀的講師，實際上他也真的辦到了。由於具本亨把重心擺在他自己選定的兩項重點工作，才能擁有兼具實務與理論的演講能力，成為經營創新專家。

想要在自己所選擇的重要工作項目中，培養出難以取代的專業性和差異性，必須拿出與眾不同的態度全心投入，把時間與資源投資在上面。若是重點工作項目有好幾項，決定好優先順序後，先從前兩項任務開始練習，再專注練習下一項任務，效果會更顯著。由於是公司的工作，可以經常做，公司也認為這項工作是重要的，因此附加價值很高。再加上因為適合自己的個性，越做會越有成就感，自然就能做得更好。正因如此，至少在這項工作上，必須成為部門中的佼佼者，成為公司內的一流人才。像這樣持續努力下去，就能在業界中屹立不搖。這需要時間慢慢累積，在慢速職涯道路上不斷提升必殺技。

即使從事同樣的工作、在職時間相同，有人能成為業界頂尖人士，有人卻停留在一般水準。這是因為頂尖人士堅持專注在自身優勢，就像在太陽底下拿放大鏡，把陽光匯聚到一個點上，就能把紙燒破一樣；當把資源集中在一個地方時，就能培養出屬於自己的深度。專注在自身優勢，並創造出必殺技的人，可以超越專家，成為擁有自己一套哲學的「大師」。彼得．杜拉克說過：「能夠發揮自身優勢的人，就能在工作中達到自我實現。」每個人擁有的時間都是相同的，從此刻開始，用自己所具備的優勢，盡全力做到最好，每天持續不斷重複練習，就能打造出獨一無二的自己。如此一來，隨著時間成長的職場上班族，就能成為真正的「獨立工作者」。

POINT

- 職場上的必殺技指的是「差異化專業」。想要創造必殺技，可以從自己目前的工作中尋找。
- 可以透過「工作重要度—適合度四象限圖」，將目前的工作拆解成十至十五個工作項目，替每項工作打分數，並在圖上標出座標位置，最後是挑選出三至五項可以培養成必殺技的「重點工作項目」。

快速學習：下班後的掌上學校

疫情過後，儘管居家辦公變得更常見，但上下班通勤仍是職場上班族的一大夢魘。上班族每天要花多少時間在通勤上呢？根據求職平臺調查結果顯示，韓國首都圈的上班族，平均每天花在通勤的時間約為一小時五十五分鐘，是OECD中通勤時間最長的國家。換句話說，一年內足足有將近一個月的時間（七百二十個小時）是在通勤中度過的。

上班族通常都在這段時間做什麼？從自身經驗就可以發現大部份的人都在滑手機。身為IT強國的韓國，早晨的第一件事就從滑手機開始。韓國的智慧型手機普及率世界第一，與在OECD國家中閱讀率排名墊底形成強烈對比。韓國成年人中每十人就有四人，一年內連一本書都沒讀，每天卻平均花三小時在手機上。但這能夠怪他們嗎？每天花兩小時通勤，下班後精疲力盡，回到家吃晚餐、做家事、和家人聊聊天，轉眼又該上床睡覺了。要在人滿為患的通勤車廂中閱讀，也實在是強人所難，況且根本沒時間看書。

快速學習：必要時立即學習

我（勝晤）自立門戶後，雖然時間相對自由，卻依然沒有足夠的時間可以好好閱讀，也是一大煩惱。由於演講邀約不斷，我忙著全國各地到處跑，幾乎沒有閒暇時間，更不可能一邊開車一邊看書。我也曾嘗試有聲書，卻經常找不到想看的書。創業後反而比在公司上班時更少讀書，沒有持續充實自己，不斷消耗原本既有的東西，因而感到心力枯竭。

後來，我偶然發現了TTS語音朗讀（Text to Speech），是透過APP將文字轉成語音的功能。雖然一開始聽機械音唸電子書，稍微不大習慣，但很快就適應了。使用方法也很簡單，只要用手機購買電子書下載後，點擊「收聽」按鍵即可。市面上大部分的書幾乎都有出電子書，因此可以選擇的範圍非常廣泛。操作起來也很方便，對於喜歡的內容也可以點擊新增書籤，製作成「讀書筆記」，方便日後查看。此外，也可以設置定時功能，即使在床上聽到睡著，也不必擔心影響聽力。

使用TTS功能後，不只是移動時間，其他零碎時間也開始變得有趣。只要開啟同步化功能，無論使用哪臺裝置，都可以延續前面章節繼續觀看，開車時可以用手機收聽，工作時可以用筆記型電腦或電子書閱讀器閱讀。不僅可以用聽的，也可以閱讀，可以說是相當方便。最近的新發現是：比起閱讀，用聽的方式更能幫助我記憶。彼得・杜拉克曾說：「學習方式可以分為視覺型和聽覺型，很少有人同時兩者兼具。」我一直以為自己是視覺型的學習者，但後來才發現我其實是聽覺型的。

除了電子書外，隨著資訊科技發達，在這個時代比任何時候都還要容易學習，有各種不同的學習工具。加拿大的史考特・楊（Scott Young），是一名二十三歲的平凡年輕人，他在不上MIT的情況下，一年內利用開放式課程（OpenCourseWare）修完MIT資訊科學系四年的課程。他把自己自學的項目命名為「MIT挑戰」，並把過程上傳到YouTube，引起了廣泛關注。從留言中，他發現許多人跟他一樣都是透過網路學習，因而翻轉了自己的人生。完成MIT挑戰後，他收到微軟等大公司的面試邀請，但他卻拒絕了。他成立了一間公司，把自己這段時間的經驗和大家分享，傳授大家自主學習的方法。以現在的時代來看，史考特・楊的例子已不再是特例。

當數位科技遇上教育，造就出各種形式的快速學習管道。數位科技和新冠肺炎開啟了全新的知識經濟時代，許多課程紛紛轉為線上，快速學習管道越來越多，只要握有智慧型手機，無論何時何地，都能立即學習到需要的知識。除了Hahow好學校、YOTTA、PressPlay等線上課程平臺，也有許多付費平臺像是Udemy、Master Class等，可以收聽到海外學者專家的講座。像ＴＥＤ演講影片般搭配字幕的國外講座也不少，在上班途中的捷運車廂內，用手機就能收聽世界級講師的課程，這正是所謂的「掌上學校」。

有許多上班族可能會考慮讀研究所，但就工作專業度而言，這項策略的效益性並不高。誠如前面提到的史考特．楊，他透過網路平臺就能上完ＭＩＴ課程，即使不讀研究所，也有許多管道可以學習。相反地，讀研究所必須投入大量的金錢和時間，再加上受到疫情影響，大部份的課程也都改為線上進行。如果不是為了累積人脈，或是基於工作性質必須取得碩博士學位，就不一定要念研究所。關鍵並不在於念研究所與否，而是在於是否持續學習。以忙碌為由，沒有持續累積經驗及學習新技術，才是真正的問題所在。

只要善於搜尋，很多地方都可以免費學習來自世界各地的專家知識，YouTube正是最佳代表。以YouTube上的「谷歌演講」（Talks at Google）頻道為例，該頻道免費提供了哈拉瑞（Yuval Noah Harari）、麥爾坎．葛拉威爾（Malcolm Gladwell）等學者超過一小時以上的課程。即使英文不好，透過翻譯功能也能輕鬆查看字幕。除了專業學者提供的學術性課程，針對自己感興趣的領域，也能在YouTube上找到各種不同的專家影片。因此，不妨建立一個「個人大學」的YouTube帳號，不需要重新註冊會員，只要新增帳號，就可以輕鬆切換帳號。設置一組專屬學習的帳號後，如果只訂閱自己感興趣的頻道，YouTube演算法會推薦內容相似的影片，就能看到更多不同頻道的影片，管理上也比較方便。想要打造屬於自己的必殺技，不能只專注於某個領域，也必須學習其他相關領域，並加以統整，像這樣，不斷地延伸學習是很重要的。

倘若經濟許可，也可以花錢付費上課。付費課程除了能觀看優質內容，還具有方便管理學習歷程、提供總結學習要項等多項優點。有了總結學習要項，有利於整理筆記，也能查看礙於時間關係跳過的部分。此外，有問題時還可以直接詢問講師，或透過SKYPE語音通話進行諮詢。在Master Class平臺上指導劇本寫作的電影導演韋納・荷索（Werner Herzog），就曾經出了一個劇本創作功課：「去走一百公里的路，想到什麼就寫什麼」，並給予學員個別指導。一個月只要花幾千塊，就能產生相當於上了好幾間研究所的效果。相關推薦付費課程資訊，請參考表9。

表9　有助於快速學習的付費課程平臺

課程平臺	URL	特色	費用
Master Class	masterclass.com	授課講師集結了來自各領域的菁英，可以向鮑伯·艾格（Bob Iger）學習企業管理、向麥爾坎·葛拉威爾（Malcolm Gladwell）學寫作、向娜塔莉·波曼（Natalie Portman）學演戲、向馬丁·史柯西斯（Martin Scorsese）學拍電影等。	一年一八〇美元（折合臺幣約五千元）
Udemy	udemy.com	世界頂尖的線上課程平臺，在全球擁有超過二十萬門課程及五千萬名學生。課程包括程式語言、設計、市場行銷等多元課程。英文講課為主，須具備基本英文能力。	每堂課約臺幣一千至三千元不等
Hahow好學校	hahow.in	在二〇一五年成立，首創以「群眾募資」概念販售線上課程，主打「學校沒教的事」，課程涵蓋各種領域，課程需達募資目標才會開設，是最大的中文線上課程平臺。	每堂課約臺幣五百到四千以上不等

課程平臺	URL	特色	費用
YOTTA 友讀	yottau.com.tw	二〇一五年成立，課程分為生活、設計、商業、語言、科技等五大類，除了強調專業知識的「硬課程」之外，亦有不少生活療癒類課程，也有線下的實體課程。	每堂課約臺幣〇到四千以上不等
PressPlay Academy	pressplay.cc	臺灣少數擁有「訂閱制」的線上課程平臺，訂閱者可以選擇定時付費，每月都能看到新的課程內容。也有不少 KOL 在此開設線上課程。	每堂課約臺幣一千到七千元以上不等
天下學習	www.cwlearning.com.tw	由天下雜誌《Cheers》在二〇一八年推出的線上影音課程平臺，特色是號召了許多知名企業創辦人或高階主管分享實戰經驗，如微軟前大中華區副總裁蔡恩全、世紀奧美公關創辦人丁菱娟等。	每堂課約臺幣兩千以上
1 號課堂	classone.cwgv.com.tw	由遠見天下文化事業群所創立的臺灣第一個聲音學習平臺，現已超過二十一萬人用過，超過六十位名師開課，提供包含數位行銷、 職場通識、自我成長等主題課程。	每堂課約臺幣〇元到一五〇〇元以上不等

* 根據服務政策不同費用隨時可能變動，僅供參考。

過去耗時長久的專業培訓課程，導入數位科技後，也能在短時間內完成。一名在國立圖書館擔任圖書館員的三十歲女性，透過線上學習方式，趁空檔時間上完了統計學及資料視覺化兩種課程。她利用所學將散落在圖書館的資料進行系統分析，並將資料整理得一目了然，形同擁有一套全新的武器。她在圖書館數位轉型專案中，扮演了舉足輕重的角色。在新冠肺炎過後，我（昇完）也是透過快速學習模式，將大部分的實體課程轉移至線上。

除了自己感興趣的領域外，數位科技技術是建議必學項目。尤其如果你未來打算創業成立一人公司，數位能力更是不可或缺。因為一人公司必須身兼多職，沒有數位科技的協助，幾乎是不可能的任務。學會善用臉書、Instagram或YouTube等社群平臺推廣行銷，是非常重要的一項能力。

偶爾在網路上和興趣相投的人交流，也是不錯的方法。大學生、年輕上班族最常逛的網站是「DCARD」，相較DCARD，「批踢踢PTT」的使用族群年齡層較高、廣泛，不乏許多深度文章；「巴哈姆特」則是以討論動漫遊戲為主的論壇；以3C及汽機車為主的論壇「Mobile01」，由於聚集了不少男性使用者，也有不少職場甘苦談……只要稍微留意搜尋，就能找到各式各樣的同好交流平臺。好的社群平臺不僅限於知識上的交流，成員之間還會分享各自的經驗，甚至建立學習小組互相督促。此外，藉由這樣的聚會，也能獲得心理上的認同感。走在慢速職涯的道路上，難免會感到孤單，但透過與志同道合的同好交流，將會成為職涯路上強而有力的支柱。

快速存檔：利用數位科技累積作品

想要學得更好，不能只是停留在被動接收的狀態。將所學的東西直接表達出來，是有效的學習原理之一。利用文字或口語表達自己學到的事物，從中能夠學到更多東西。正所謂「百聞不如一見，百見不如一試」，正是這個道理。不過，最好的學習方法其實是「教別人」。因為要教別人前，自己會先從各種角度多方檢視，並且不斷調整表達方式，學習深度自然更上一層樓。美國國家訓練實驗室（National Training Laboratories，簡稱NTL）的「學習金字塔」（Learning Pyramid）研究，充份展現出其重要性。學習金字塔理論顯示了用不同學習方法完成學習二十四小時後，記住所學的內容比率（記憶保留率）。根據研究指出，「聽課」的平均記憶保留率約五％，「閱讀」落在十％左右。相較之下，「小組討論」的平均記憶保留率則為五〇％，「從做中學（練習）」是七十五％，

「教導別人」更是高達九〇%。

有句話說：「來得快，去得也快。」藉由快速學習雖然可以迅速獲得知識，但也很快就會忘記。如果不希望學到的知識付諸流水，重要的是要抱著學完後立刻將所學傳授給別人的目標，融會貫通後重新用自己的方式表達出來。所幸數位科技不只針對學習，對於累積學習成果也很有幫助。在部落格、論壇、臉書和YouTube等平臺，很容易就能把自己學到的東西記錄下來，提供了可以「快速存檔」（Quick Archiving）的環境。當你有任何創新想法或做出一些成果時，可以隨時隨地編輯內容後將成品上傳到網站，這就是所謂的快速存檔。有別於過去需要做很多事前準備和學習，現在任何人都能輕鬆創建屬於自己的內容。就連影片剪輯，現在也能透過威力導演或Final Cut Pro等APP，直接在手機上進行編輯。事實上，我（勝晤）上傳到YouTube頻道「獨立工作者」上的每一支影片，包含拍攝、編輯、後製錄音、上傳等工作，也都是利用手機完成的。

此外，數位平臺除了能累積作品，也能達到行銷目的。彙整自己所學的東西，將作品上傳到部落格或YouTube上，演算法會自行分析作品屬性，將內容推薦給特定族群。基本上，推薦演算法的標準是根據內容產出頻率與用戶反應，因此持續產出優質內容上傳至平臺後，作品可能會突然一夕爆紅（被演算法判定為推薦內容後瀏覽量迅速增加的現象），同時也會有很多人訂閱，這對日後的行銷工作有很大的幫助。

光是提供好的服務和產品是不夠的，因為成果（Performance）和成功（Success）是截然不同的兩回事。所謂的成功，是別人肯定我所創造出來的成果。即使書寫得再好，如果無法被大眾所理解，也很難定義為成功的作家。職場上也是如此，很多時候我們認為自己已經做出成果，但主管和顧客卻不這麼認為。因此，除了具備自身的實力和技術，學會讓別人注意到自己也很重要。在數位環境中，如果想讓自己的作品被大眾認識，關鍵在於必須持續產出內容。由於網路的匿名性，各式各樣的詐騙手法層出不窮，在這樣的環境下，要贏得客戶信賴，來自於獲得認證的作品與持續累積的成果。

快速存檔的另一項優點是，可以激發創作者的「心流」狀態。誠如心流理論專家米哈里・契克森米哈伊教授所說，即時取得正面回饋，有助於進入心流狀態。舉例來說，由於職場上工作牽涉到的層面很廣，很難立即知道客戶的滿意度或實際成果，即使知道了，通常也過了好一段時間，因此難以進入心流。反之，在數位平臺上傳作品後，馬上就能透過按讚數、訂閱數或留言，收到來自他人的反饋，自然比較容易進入心流，這也是很多人熱愛寫部落格和拍影片上傳到YouTube的原因。此外，透過反饋也能進一步了解客戶需求。事實上，許多內容創作者會根據客戶的反應，調整自己創作的主軸。

或許有人會問，走在慢速職涯的道路上，為何還需要追求「快速」學習、「快速」存檔？現今的職涯發展，需要的並不是像讀博士、碩士那樣，花好幾年的時間苦讀深造，而是結合各種最新專業知識和技術，並找出因應之道。為此，除了自己的專業領域外，還需要廣泛地學習其他相關領域，迅速地融會貫通後，並將這些知識整合起來。因此，在慢速職涯前進的過程中，必須快速學習且快速吸收。「Slow, slow, quick, quick.」就像舞者踏著熟稔的步伐，我們也應該加速學習，並將所學的知識熟練地串聯起來，就能像滑步一樣輕鬆前行。

POINT

- 快速學習雖然可以迅速獲得知識，但也很快就會忘記，重要的是融會貫通後，重新用自己的方式表達出來。

何時提離職？以及如何提離職？

根據人力銀行網站問卷調查，每十位上班族就有七位在職場上處於咬牙苦撐的狀態。許多上班族抱怨自己的工作落在「工作重要度—適合度四象限」圖[18]的S象限（壓力區），即使這份工作不適合自己的個性，卻不得不做。然而，仔細檢視後會發現不少情況是連第一關「認真工作」都沒通過，因此公司沒有給他們機會，或是實力尚未發展到一定的水準。在這樣的情況下，必須先冷靜地檢視自己的認真度。

---

[18] 請參考第一六〇頁。

離職的最佳時間點

假如已經很認真努力，S象限的工作還是一樣很多，就必須考慮換一個能夠發揮自身優勢的工作。比起離職，公司內部轉調的風險較小。可以善用公司的職務輪調制度，與主管進行職涯發展計劃（CDP）面談時，試著在合適的時間點申請轉調。雖然可能會花一些時間，但有申請就有機會可以職務轉調。不過，公司對於申請轉調的職員，會期望他的表現能達到資深工作者的水平，因此若你有日後想從事的工作，需要事先學習準備，也要經常到日後想轉調的部門走動。不過，必須小心謹慎，不要落入別人的話柄。一旦被貼上「不忠誠」的標籤，職場生活會陷入水深火熱。最好私底下以旁敲側擊的方式詢問相關部門值得信任的人，轉調時也盡可能不要造成原本部門的負擔，才不會招來非議，轉調到新部門後也比較容易適應。

如果目前工作項目大部份落在「興趣區」（H），而非「壓力區」（S），那又該怎麼做？這種情況通常是雖然喜歡目前的工作領域，但所做的工作內容與公司策略或營運方向不符，也就是所謂的「不對盤」。此時，就必須考慮轉職到其他公司。由於公司認為的工作重要度優先順序不容易改變，即使同樣是企業教育訓練（HRD）工作，有些公司將

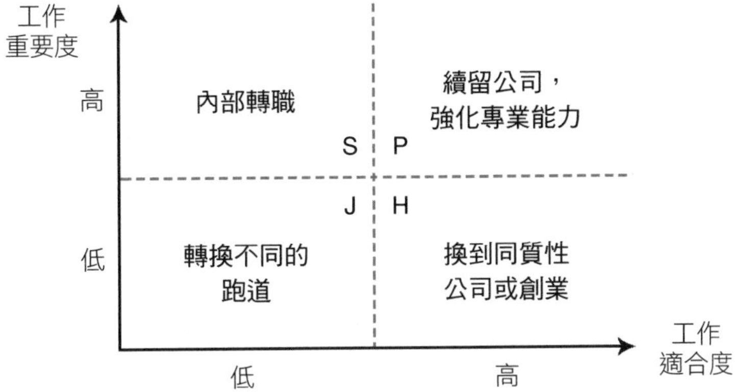

圖16　根據四象限分析的轉職策略

研發教育課程視為首要任務，有些公司則著重在授課內容，也有些公司把重心擺在經營和銷售。我（勝晤）踏入職場的第一間公司，韓國卡內基教育機構之於我，就屬於這樣的情況。

我擅於研發教育課程，也樂在其中，但由於公司都是直接引進美國總公司的卡內基課程（Dale Carnegie Course），對課程研發本身並不感興趣。我自己設計了一套「指南針課程」，並在週末開課，但公司卻認為這套課程不受歡迎。幾經思考後，最後我決定跳槽到重視課程研發的教育機構。我的第二間公司是邁達斯（Midas IT），是一間背後是大公司出資成立的新創公司。公司每年成長的速度很快，所以內部培訓的需求很急迫，而我作為公司唯一的教育訓練負責人，開發出許多教育訓練課程，包括為期一個月的「新進員工教育訓練課程」等。當時費盡心思辛苦開發出來的課程，現在成為了我的事業支柱。

讓我們捫心自問，如果繼續待在目前的公司，未來三年內我的優勢和能力會進步嗎？如果公司交辦給你的工作，不能發揮你的優勢，那麼就必須考慮換工作。年薪和職位等工作條件固然重要，但不應是首要考量。事實上，許多人都曾經後悔過換工作。根據二〇二〇年求職網站的調查顯示，超過半數（五二・六％）的上班族都曾經後悔換工作，離開公司的原因絕大多數是因為「工作內容與預期不符」，比例高達四七・一％（複選）。由此可見，離職的主因並非薪資條件或環境，而是工作內容。

我們不能因為想換工作，就貿然把工作辭掉。轉職的潛規則是「騎驢找馬」，待在目前的職場，做好換工作的準備。絕對不能情緒用事，一時衝動就遞出辭呈。辭呈就像潑出去的水一樣，很難再收回。就算只是把想離職的念頭告訴同事，也是弊大於利。不要相信會保密的承諾，消息很快就會傳出去。即使實力再出色，也沒有任何公司會對想離職的員工友善，未來想轉職的公司在進行評價調查時，也可能會造成負面影響。

更重要的是，衝動離職後的人在找工作時，很可能會因為心急而沒有深思熟慮，就隨便找一間工作性質相似的公司。這對未來和新公司談薪水時也很不利，通常談的薪資條件應該要比上一份工作更高才對，但已經離職的人沒有太多籌碼可以談判，可能薪資就直接比照上一份工作，甚至還可能比之前更低。綜合以上種種理由，千萬不要貿然離職，必須做好準備、等待時機。

當然，就現實層面來說，年紀愈大，轉職愈難。因為薪水高再加上從事的工作過於專業，不見得是其他公司需要的人才。一般而言，進公司後不到十年換工作是轉職的最佳時機，這是因為雖然具備工作基本技能，但還不是太專業，很容易適應新工作。

轉職該去哪？

轉職的第一個先決條件是工作內容。然而，光是從招募廣告或職缺描述，無法了解工作細節，最好的方法是直接和從事這類工作的人見面訪談。不妨透過電話或Email約他們見面吧！你可以說：「我現在從事的是〇〇領域的工作，但我對於這個領域的工作很感興趣，覺得能發揮自身優勢，得知您目前在這個領域發展得很好，因此想尋求您的建議。」—

見面時，重點在於確認這項工作是否真的符合自己的優勢。具體應該詢問的問題包括：工作內容有哪些？需要具備哪些知識或技術？過去的工作經歷中，最有收穫的是什麼？工作中最不喜歡的地方是什麼？……等之類的問題，並逐一記錄下來。最後，再請他們介紹其他同樣從事這項工作的人，繼續向不同的人請益。透過這種方式和三、四個人見面後，就足以獲得關於這份工作的可靠資訊以及實質上的建議。幸運的話，如果剛好有職缺，他們可能還會把你介紹給人資部門，或直接替你安排面試。唯有積極拜會請益，才有可能獲得這樣的好機會。

除了了解工作內容相關資訊，也必須掌握公司願景與企業文化，這部分很難透過公司網頁或招募廣告得知，只有藉由與目前在這間公司上班的人聊過，才能知道舞臺背後不為人知的一面。根據上述提到的離職原因調查顯示，「公司願景不明確（三二．七％）」和「難以適應企業文化（二七％）」名列前茅。倘若公司的潛規則文化與自己內心排名第一位的價值觀發生衝突，或公司重視的價值觀卻是自己認為最不重要的，就表示你不適合這家公司。重要的不僅是工作內容，符合自己的價值觀也很重要。

過度要求員工犧牲奉獻、管理者控制欲太強的公司，或是希望員工按照工作手冊做事，而非依據現場工作人員的判斷行事，這些公司都不適合作為慢速職涯的跑道。從長遠來看，選擇一間雖然其他條件（年薪、職位等）稍微差了一些，但公司風氣平等開放、對產品或服務品質有一定的堅持、鼓勵員工自主決策和獨立工作、支持工作自律的公司，是比較明智的做法。

我在第二間公司工作時，工作雖然得心應手，卻難以適應公司文化。儘管這間公司經常被媒體評為「夢幻公司」，現實卻大不相同。公司經營者是不折不扣的工作狂，一年三百六十五天都在工作，即使逢年過節也一樣照常上班，以致於公司加班文化盛行。每天工作到晚上十點和週末加班是家常便飯，甚至會在不用加班的週末舉辦公司活動。由於建設公司特有的階級制度文化，以及經常突然下達指示的執行長，造成人事異動頻繁。當時我的壓力非常大，甚至出現了圓形禿，結果在這間公司待不到兩年，又再換了工作。轉職前輕忽了公司文化的重要性，這完全歸因於我的疏忽。因此在轉職前，先了解公司文化及員工的實際工作狀況是必要的。

轉職成功的實戰守則

機會並不會輕易降臨，想要不留遺憾地成功轉職，必須先做好準備。我們應該要做哪些準備呢？以下是最基本的三點：

第一，成果豐碩的履歷表。轉職這件事跟銷售很像，若產品想要賣出好價格，必須讓客戶感受到明顯的效益，而客戶最喜歡經過驗證的產品。蒐集在工作上做出的成果、主管或顧客的真實好評，以及專業認證等事績，並定期更新履歷。

第二，個人名聲。在招募過程中，人資經常會打聽該名員工在業界的名聲。人資也知道原本的同事並不會刻意說離職者的壞話，不過這麼做是為了避免最糟的狀況。雖然並不會因為評價很好就決定錄取，但如果評價不好，幾乎是篤定淘汰。因此我們不僅要注意平時考勤，並展現負責任的工作態度，還必須妥善經營職場中的人際關係。

第三，對離職動機有明確的想法。面對這兩個問題：「我們公司為何要錄取你？」、「你為什麼想進這間公司？」，至少要能坦然且有自信地回答。此外，必須設法證明自己為什麼是這份工作的最佳人選，利用前面第二章提到的各種問題，有助於證明自己。

做完所有準備後，如何才能進入心目中理想的公司？

建議的做法是透過獵人頭公司找工作。雖然也可以利用人力銀行的徵才廣告，但光靠這種方式難以了解具體職務內容或公司氛圍。有實力的獵人頭公司不僅能提供職場相關資訊，還能針對業界動態、詳細職務內容、公司風氣及未來職涯發展等，做出全面性的建議。透過求職網站或人才媒合平臺的徵才廣告，很容易就能取得獵才顧問的聯繫方式。此外，獵人頭公司只會向企業端收取佣金，無須負擔任何費用。

然而坊間有眾多的獵人頭公司，素質參差不齊，如何判斷哪些公司只是「人力仲介」，哪些才是優秀的「職涯顧問」？只要針對應聘職缺相關事項仔細詢問，就能略知一二。倘若不能詳細回答出徵才緣由、具體工作內容、公司喜好的人才類型等，就代表對方只是人力仲介。一名優秀的獵才顧問，能夠正確並詳細地回答出一連串問題，對於日後的職涯發展也能提供完善的建議。

找到優秀的獵才顧問後，最好親自登門拜訪，向對方介紹自己。清楚向對方說明自己正在找哪種類型的工作、未來想累積哪些方面的經驗，並尋求對方意見。把和對方的面談當成是模擬面試，只要展現出自己的經歷與專業能力，就能找到意想不到的工作機會，有時對方甚至還會提供面試指導。

面試是轉職必經的過程，重點在於了解面試官問題背後的「意圖」。詢問轉職動機或應徵動機，背後的目的其實是想確認你在目前職場上遇到什麼問題；詢問上一份工作中最辛苦的地方以及如何克服，是想了解你是否是遇到困難會輕易放棄的人。掌握問題背後的意圖，可以從中找出脈絡，回答出面試官想聽的答案，讓自己在面試中脫穎而出。被要求自我介紹的話，不要從小時候開始講起，而是應該回答與應徵職缺相關的學經歷經驗。站在公司的立場，不要忘記公司並不是讓員工學習或累積經驗的地方，每間公司都希望進來的員工，除了能夠立刻做出成果，還能適應公司文化，必須要明確展現出這點。

面試官通常希望聽到實際案例，很多求職者都只是空口說白話，因此回答問題或說明時都應該舉出具體例子，像是「我在上一份工作曾經遇到的難題是……，而我解決問題的方式是……。」不過，要注意不要過於強調上一份工作的缺點，可能會讓人誤以為自己愛抱怨。雖然很難具體說明如何表達出誠懇的態度，但奇妙的是，面試官其實都感受得到，即使不擅言辭，從聲音就能聽得出哪些是懷抱著熱情和真誠的人。

我轉職到第三間公司ＬＧ電子培訓中心時，我遇到了值得信任的獵才顧問。我們約在面試前見面，他把具體工作內容（培訓新進員工）、公司偏好的人才類型、培訓中心的氛圍，甚至連部門主管（培訓中心主任）的喜好都一併告訴我。

面試當天，我把在上一份工作中寫的新進員工一個月培訓課程企畫書，放大列印後帶到現場。那天不知道為什麼特別緊張，面對主管尖銳的面試問題，回答得吞吞吐吐，說了一堆莫名其妙的話。就在我背後冷汗直流，腦海中閃過「完蛋了」的念頭時，培訓中心主管問我還有沒有什麼想說的話。於是，我從包包裡拿出企畫書給他。他稍微停頓了一下，低頭翻了翻企畫書，便問我這份企畫書能不能給他作為參考。我簡短地回答他：「這份企畫書就是特地帶來要給您的。」寒暄幾句後，便離開面試考場。

我是日後順利錄取、進公司後才知道，據說培訓中心主管那天面試完後，就把企畫書交給員工們，並囑咐他們參考這份企畫書改善新進員工培訓課程。由此可見，一份富有誠意的企畫書，足以成為決定是否錄取的關鍵。

如果找到了自己的方向，光是做好公司交辦事項是不夠的。人類是適應環境的動物，應該要選擇和創造一個能夠將自身能力發揮到淋漓盡致的工作環境。不過，也不能因此像候鳥般到處遷徙。一個優秀的獨立工作者會配合公司的方向，不斷地調整自己，讓優勢充分展現出來，進而創造適合自己的職位。因為在那裡，他可以創造自己的價值和機會。

POINT

- 透過「工作重要度—適合度四象限圖」，檢視自己的工作項目多落在哪區，就可以找出最佳離職策略和時間點。
- 在公司的資歷十年內是轉職的最佳時機，因為雖然具備工作基本技能，但還不是太專業，很容易適應新工作。

創職：爲自己創造工作

現今社會中，「鐵飯碗」早已不復在。隨著人類壽命延長，「終生職」也已經是過時的觀念。幾乎沒有人可以一份工作做一輩子，大部份的人都換過好幾份工作。因此，為自己創造一份全新工作的「創職」能力越來越重要。所謂的創職，是創造一份適合自己的全新工作，而不是去適應現有的工作。

由於科技日新月異，在這樣的環境下，人們有足夠的條件可以創造「個人專屬職業」。尤其隨著IT技術進步，更是為職涯發展帶來驚人變化。人們可以透過網路、線上交易平臺、社群平臺、YouTube等各種管道介紹和推銷自己的專業，行銷方式越來越多元，再加上消費者需求差異化日趨明顯，形成了許多過去不存在的利基市場。多數未來學者及趨勢專家紛紛表示，這樣的趨勢在未來將會加速成長。

池塘不會乾涸的祕密——雙池策略

那麼，該如何創造並發展出最適合自己的職業？從遠古祖先的智慧，就能看出線索。早期數一數二的知名庭園，裡面的池塘通常不只一座，而是兩座池塘相連在一起。被譽為朝鮮時期最美庭園的潭陽「瀟灑園」，園內有兩座池塘相連；沒有圍牆且與周圍的自然景色融為一體的「鳴玉軒苑林」，同樣被前後兩座池塘包圍著。以茶山丁若鏞流放地而聞名的「茶山草堂」，也與現代庭園造景大相逕庭，有兩座相連的池塘。以空間而言，明明蓋一座池塘就足矣，為何古代的人卻要蓋兩座？這背後其實蘊含著深遠的意義，兩座池塘相連在一起，池水是相通的，兩邊的池塘就不會乾涸，這正是所謂的「雙池策略」。

雙池策略也可以用於創造自己的新工作。正如兩座相鄰的池塘會互相滋養，把兩個領域串連在一起，也能創造出可以產生加乘作用的工作。兩個領域中，一個是「專業領域」，另一個則是「差異化領域」。想在工作上取得成功，最基本的策略是專精在一個領域，深入挖掘後，才能真正挖到井水。然而，如果只專注在某一個領域，在趨勢急遽變動的情況下，例如受到第四次工業革命及人工智慧浪潮的襲擊，工作可能會變得岌岌可危，此外，窮其一生只挖一口井，會變得像井底之蛙一樣見識狹隘。唯有在專業領域中，創造差異化優勢，才能展現出獨特性。當你發揮創造力結合兩個不同領域，並加強專業性，無論在任何環境下，井水都不會乾涸且源源不絕。

即使年過八十仍富有生產力的彼得．杜拉克，他深知將一個領域累積已久的知識應用在其他領域，就能創造出新的成果。因此，他很早就主張無論從事任何工作，想讓自己成為職場上的佼佼者，至少必須精通兩種領域。除了可以累積龐大的知識量，面對新的觀點和方法時，也能秉持開放的態度。事實上，他以管理學作為基礎，每三年研究一個新領域，並將其應用於管理學而聞名。不管在哪個領域，倘若只專注學習該領域的知識和技術，很難達到突破性的發展，而把兩個毫不相關的領域結合在一起，反而會造就驚人的成果。性質不同的兩個領域有各自的理論、流程、想法及方法，可以互通有無、相互運用。這套方法適用於任何人，軟銀（SoftBank）創辦人孫正義是成功的名人代表，他從大學時期開始，十年來堅持每天早上從盒子裡抽出兩張字卡，進行創意發想，並記錄下來。

專業乘以差異化

在某個領域獨占鰲頭的人，通常都是採取「結合兩項領域的雙池策略」。神話學家喬瑟夫．坎伯將榮格的分析心理學運用在自己的專業領域，透過分析心理學的角度重新解讀神話，深入探討神話背後所隱藏的訊息。具本亨則是將人文學套用在個人及組織改革，因此從他的書中可以感受到有別於一般商管書籍與自我開發書籍的深度。廣告大師朴雄賢在廣告中融入人文學，成為最佳創意導演，他的代表作正是《用人文學拍廣告》（暫譯）。由此可見，想要獨占鰲頭，就必須具備「獨門的專業」。具有獨門專業性的人，會以新的方式詮釋熟悉事物，以熟悉的方式詮釋陌生事物。追求創新卻不標新立異，深入鑽研卻不失其廣度，正是因為兩個不同的領域能夠互相交流，不斷地激盪出新的想法與火花。

我（昇完）的專業領域沒什麼特別之處，就是寫作。從二十幾歲後持續寫作，到目前出版了七本書。在《第一本人生寫作書》（暫譯）出版後，也開始授課教人出書。另一方面，我對人物很感興趣。在各種故事中，我最喜歡的也是人物故事，也比較容易帶入情感。因此在學習哲學時，比起哲學理論，我更傾向於挑一位欣賞的哲學家，深入探討他的一生。同樣地，比起藝術作品本身，我更熱衷於了解藝術家；比起建築物，我更關心的是建築師的生命歷程。在我的書房裡有超過五百本以上的自傳、人物傳記、人物訪談類的書籍，另外還有一個單獨空間，收藏了三十多名我特別關注人物的相關書籍。

約莫五年前，我開始思考如何把研究人物的興趣運用在寫作上，腦海中突然冒出了「人物學」（Humanology）這個三個字。我將針對創造屬於自己世界人們的深入研究，命名為人物學，並把這當成是我的「差異化領域」，把它和寫作專業結合在一起，似乎漸漸構思出作品的雛型。當浮現這個想法時，我確信我已經在眾多職業中找到了自己的天職，於是我在名片上的名字旁邊加上了「人物學專家」的頭銜。找到天職後，我執筆寫的第一本書《慢轉的力量》，深刻描述了四十多位名人的轉變歷程。我目前正在規劃這本書的續集，書名是《師父與徒弟》，內容主要在探究這些名人與引領他們的師父之間的關係，同時也彙整了許多特定專業領域的名人學習法，準備出版為《大師的學習方法》。

我全心投入在鑽研人物學，希望自己也能像所研究的名人一樣，創造出一個屬於自己的世界。作為一名人物學專家，除了出版書籍以外，我希望能夠藉由演講、課程、工作坊等各種形式，研發出實用的內容與人們分享，這就是我內心所描繪出的職涯願景。

我的專業領域和差異化領域

雙池策略的重點在於必須擁有「專業領域」和「差異化領域」，並且讓兩者產生創造性連結。在此，讓我們來逐一了解一下吧！

首先，專業領域是指專業能力在該領域中位居前十%內的領域。例如，喬瑟夫．坎伯的專業領域是「神話學」、具本亨是「管理創新」、朴雄賢則是「拍攝廣告」。接著問自己：「我在公司內能夠排名實力前十%的專業領域是什麼？我在公司內最擅長的事情是什麼？」倘若目前已經有排名前十%的領域，那是再好不過了。然而，如果還沒有任何一項專業領域，就必須確實培養自己的專業領域。若是尚未找到自己的專業領域，可以利用前面〈必殺技〉一章提到的創造必殺技的方法，找出最有可能成為個人專業的項目。

再來，第二個問題是，「我的差異點是什麼？」差異化領域和專業領域不同，即使不是頂尖水準也無妨。具本亨和朴雄賢他們都不是人文學博士，比他們優秀的人文學者也大有人在，但在他們各自的專業領域中，很少有人像他們一樣具有高超的人文素養。具本亨和朴雄賢兩位都是長時間關注人文學超過十年以上，並且持續不斷地學習的人。長時間關注某個領域並持續學習，或是雖然接觸時間不長，但專注投入研究的項目，都有機會成為有潛力的差異化領域。

差異化領域只要比自己專業領域中的競爭對手更熟悉或做得更好，便已足矣。然而，如果還是很難找到可以突顯差異化的地方，不妨先擴大思考範圍，從興趣開始著手。想一想你的興趣是什麼？大部分的興趣如烹飪、木工、寫作等，都是某些人的工作。換句話說，你可以把興趣變成差異化領域，並結合你的專業領域。

把興趣和工作結合在一起，是極為有效的拓展專業知識的方法。如果單純把興趣當成輕鬆好玩的事，就無法進一步發展成為差異化領域。我們不應該只是當一個純粹滿足於休息和娛樂的「業餘愛好者」，而是要成為投入時間和熱情的「狂熱者」。對某種事物瘋狂熱愛的狂熱者，比起工作會投入更多熱情在自己的興趣上，努力達到精通的境界。藉由興趣培養熱情和專注力的方法，也同樣適用於工作。如果你有自己的興趣或愛好，不妨試著結合專業領域。即使是看似毫無關聯的領域，也可能產生創造性的連結。

管理學經典名著《從A到A+》（*Good to Great*）作者詹姆．柯林斯（Jim Collins）是眾所皆知的攀岩狂熱分子。他的攀岩技術高超，曾經在四周皆是陡峭岩壁的優勝美地國家公園內，用一天的時間登上半圓丘（Half Dome）北側，甚至征服了攀岩路線長達一公里的酋長巨石（El Capitan），實力不亞於職業攀岩者。他將攀岩與管理結合在一起，提出所謂的「攀岩管理學」。他也曾經在多次採訪中表示，自己透過攀岩學到了許多可以應用在企業管理的創新見解。

除了興趣外，個人持續學習的項目也可以作為差異化領域。我在寫作和講課時，有兩本書對我的幫助最大，一本是賈爾·雷諾茲（Garr Reynolds）的《presentationzen簡報禪》（*PresentationZen*），另一本則是娜塔莉·高柏（Natalie Goldberg）的《心靈寫作》（*Writing Down the Bones*）。這兩本書的共同點是作者都是禪修者，他們把禪修與各自的專業領域結合，這兩位都不是正式的出家修行者，比他們優秀的禪修者也不在少數。即便如此，他們不只是把禪修當成興趣，堅持禪修並持續十年以上的兩人，可以說是禪修狂熱分子。實際上在簡報界中，幾乎沒有人像賈爾·雷諾茲那樣了解禪修，並且有實際的禪修經驗，娜塔莉·高柏的情況也是如此。

但簡報怎麼會與禪修有關？寫作又怎麼會牽扯到禪修？從他們的書中，可以看出他們具備絕佳的洞察力。首先，賈爾·雷諾茲的書有別於市面上的簡報書籍，他強調在進行簡報時，必須言簡意賅，並投入在其中，呈現出泰然自若的樣子。準備簡報資料時，也以「簡單、回歸本質、精簡」作為基本原則，這些都是禪學的核心概念。雷諾茲的書名更直接把「簡報」和「禪」放在一起。如果想體會簡報禪的精髓，最好的例子就是賈伯斯的演說。賈伯斯為了讓聽眾能夠全然投入在他的演說之中，只講重點訊息，設計也是強調極簡風，演說也如行雲流水般，展現出充份的自信，這是由於賈伯斯二十幾歲就奉行禪修的緣故。眾所皆知，賈伯斯更將「禪」的核心概念運用在規劃和設計創新產品，像是蘋果電腦和手機等。他曾說：「蘋果始終站在科技與人文的交叉口。」他所說的「人文」其實是以他持續學習的禪修思想為基礎。換句話說，賈伯斯也是把「資訊科技」的專業領域，與「禪修」這塊差異化領域結合在一起，才能湧出源源不絕的靈感。

世界首屈一指的寫作教練娜塔莉・高柏也是如此，她所出版的《心靈寫作》，以寫作書而言相當罕見，就連書名也直接突顯出禪修本質的意義。娜塔莉・高柏的老師告訴她：「禪修與寫作並無二異。」聽完老師這席話後，她從中獲得靈感，開始將寫作融入禪修。她在書中也強調了禪修的核心思想：初衷、投入和放空，這也是她對於有志寫作者提出的建議：「活在此刻當下，就能進入寫作的核心。」、「如果你全然地沉浸在寫作中，你的文字和人會合而為一，當寫出文字的那一刻，你也彷彿消失了。」許多參加過娜塔莉．高柏寫作課程的學員，後來也都出道成為作家。評論家盛讚她創造了一套全新的寫作方法，這樣的說法一點也不為過。

如何結合這兩個領域？

現在剩下第三個問題，那就是如何結合專業領域和差異化領域，創造加乘效應？在此必須要注意的是，不能因為可以結合各種領域，就隨意挑選。我們必須找出一種組合模式，能夠讓專業領域和差異化領域發揮加乘效應。想要巧妙地結合兩個領域，需要具備洞察力，但矛盾的是，洞察力往往更多產生自實踐策略的過程。

具體而言，我的兩個建議如下：首先，必須先廣泛接觸結合專業領域和差異化領域的成功案例。運用PRO360達人網（pro360.com.tw）、Tasker出任務（tasker.com.tw）及PTT的SOHO版這類接案平臺，也是不錯的方法。這些網站主要提供的服務是讓自由工作者在平臺上刊登自己的履歷後，再進一步進行媒合。當我們將自己的「差異化專業」刊登在接案平臺後，就能從各種案例中找出最佳的跨領域合作模式。一開始可以先從網站上列出的分類，縮小思考範圍，但有時不管網站的分類，將自己的專業技術和內容獨立看待也可以。如果英文能力不錯，也可以參考國外網站Freelancer（Freelancer.com）。

對跨領域整合了解得越多，越能把更多想法套用在自己身上。當想法越豐富，就能充分發揮創意。若能找到適合自己的案例當然最好，如果找不到，也可以抱著開放心態，盡可能蒐集各種案例做參考。先把它當成一種嘗試，從中慢慢學習，進而了解何謂跨領域整合？如何創造跨領域整合？並以此為首要目標。事實上，這些跨領域整合策略都是我在針對創意力特別出眾的人物進行研究時，所領悟到的方法。

如果這是一種「由廣而精」的策略，第二種就是「由淺而深」的策略。從蒐集的案例中，挑選一到兩個最感興趣的範例或榜樣詳細分析，並深入學習。對於挑選的範例必須認真研究，直到專精的程度。以我而言，我把喬瑟夫・坎伯視為內容創作者的典範。如前述，坎伯將自己的專業領域神話學結合分析心理學，確立與眾不同的專業性。我也認為自己單憑人物學，難以創造出差異化內容，似乎還需要增添新的元素。在研究坎伯時，我突然出現一個想法：或許可以把探討人類意識和潛意識的深層心理學與人物學做結合？坎伯自學榮格心理學超過十年以上，在神話學者中，他算是對分析心理學頗有研究，但並非獲得認證的榮格心理分析師。我也一樣，雖然並非主修心理學，卻已研究深層心理學逾五年，並運用在寫作和教學上，未來我想把深入探討人物內在的「人物深層心理研究」培養成我的必殺技。總結來說，在研究跨領域整合案例時，必須不斷地問自己：「我的專業領域和差異化領域是什麼？該如何結合這兩項領域？」也必須持續以各種方式統整自己的專業領域和差異化領域。經由一再地練習，一定能找出可以巧妙結合兩種不同領域的方法。

人生是一場探險，我們面前有各種不同的路。在某個領域內自成一派的人，他們深知將不同領域結合在一起，能夠創造出新穎且有用的事物，並以此為基礎，打造屬於自己的世界。誠如畫家保羅．霍根（Paul Hogan）所說：「那些無法創造自己的世界的人，就只能待在別人描繪的世界裡。」不是等待別人給予工作，而是要去創造適合自己的工作。獨立工作者的工作是自己創造的，你想用名為「我」的素材，創造什麼樣的工作和世界呢？

POINT

- 雙池策略是指同時具備專業領域和差異化領域，展現出自身的獨特性。
- 差異化領域只要比自己專業領域中的競爭對手更熟悉或做得更好，便已足矣。

休閒：緩解職業倦怠

根據韓國市場調查公司「Macromill Embrain」二〇一五年針對國內一千名上班族調查的結果，每十位上班族中就有七位陷入職業倦怠。身心科醫師也紛紛表示，每年因職業倦怠症求助於身心科門診的人越來越多。我（昇完）也曾經歷職業倦怠期，二〇〇九年，我當時陷入了身心俱疲的狀態，因此辭去了得心應手的工作，之所以會感到心力交瘁，是因為我在一年內邊上班邊寫了三本書。當我交出第三本書的原稿後，也已徹底精疲力盡。

職業倦怠症也被稱為「身心耗盡症候群」（Burnout syndrome），大多出現在認真工作的人身上，因此也被認為是「過度努力後遺症」。不過，倦怠症除了導致身心俱疲，也會伴隨著憂鬱。如果認為只是一時低潮而輕忽，嚴重時可能會造成憂鬱症、恐慌症、心臟病、高血壓等致命問題。我也曾經陷入疲倦感、喪失信心、莫名陷入憂鬱，這樣的經驗真的不想再經歷第二次。

讓自己喘口氣的恢復性休息

倦怠感就像是一個緊急訊號，提醒你必須先暫停腳步。獨立工作者所追求的「慢速職涯」是一條通往自立的漫漫長路。為了不讓自己中途放棄，能夠走得更長遠，懂得適當的休息是很重要的事。「休」這個字是由「人」和「木」所組成，意味著人倚靠著樹木休息；而「息」是由「自」和「心」構成，意味著審視自己的內心。換句話說，休息就是倚靠著樹木，審視自己的內心。

最基本的休息是在工作中找空檔休息。一名在醫院加護病房內工作的護士，每當她工作累了，便會到隔壁棟婦產科的新生兒區。每每隔著玻璃窗看著剛出生的寶寶們，她告訴自己，這世界不僅有死亡，也有初來乍到的新生命。像這樣在工作中暫時讓自己稍作休息，稱之為「恢復性休息」。

英國政治家邱吉爾（Winston Churchill）採取的恢復性休息方式是短暫的小睡。他曾自述：「二次世界大戰後，我反而每天都得睡午覺。唯有如此，我才能履行身為英國首相的責任，帶領英軍走向勝利。」另一種與睡午覺一樣可以輕鬆執行的休息方式是走路，也就是散步。散步的好處眾所皆知，正如一行禪師（Thich Nhat Hanh）所言：「沒有任何事比散步更能緩解憤怒與壓力。」對於長時間久坐或需要應對各種人事物的情緒勞動工作者而言，散步尤為有效。放慢腳步行走，可以幫助頭腦清醒，也能讓肌肉放鬆。不妨從今天起，利用中午休息或下班後的時間，放下所有工作，撥出一小段時間散步。走路時最好關掉手機，獨自散步。

為了預防職業倦怠，建議事先規劃好讓自己能夠輕鬆恢復能量的方式，像是小睡或散步。就像演奏樂曲時，除了演奏音符外，也需要休止符。沒有休止符只有音符的曲子，聽起來就像噪音。生活也一樣需要有休止符。

重新塑造自我的休閒活動

第二種休息方式是更積極、更富有創造性的休息，不只是純粹地休息（break），而是讓自己沉浸在自得其樂的再創造（re-creation）活動。沉浸在這種活動中，目的不在於追求高遠的目標，而是藉由專注在「此時此地」，讓日常生活提升到更高一層的水平。

韓國精神科醫師文耀翰將這種休息稱為「自己的休閒時光」（Otium）。這是一個拉丁語彙，意思涵蓋了如寫詩、學習、演奏樂器、欣賞藝術等文藝活動，其深度有別於一般愛好，不只是業餘愛好者，而是對此相當熱衷的狂熱者。狂熱者並不是為了獲得經濟報酬或他人認同等外在獎勵，而是做自己打從心底喜愛的活動，並在學習創造的過程中獲得喜悅，進而深入其中。

被譽為「攝影史上最神祕的攝影師」的薇薇安·邁爾（Vivian Maier），她的興趣是攝影。當了一輩子保姆的她，四十多年來共拍了十多萬張底片，但直到二〇〇九年過世後，這些照片才公諸於世。對她來說，攝影本身是一種樂趣，也是目的，因此她才能不考慮觀眾的想法，隨心所欲地以自己最喜歡的方式拍照。或者反過來說，也正因如此，她才能捕捉到「純粹攝影」的精髓，完全沉浸在攝影中，與手中的攝影機和被拍攝的對象合而為一。邁爾逝世後，她所拍攝的大量照片偶然被發現，獨樹一幟的拍攝風格和令人驚豔的作品，被攝影界奉為瑰寶。

《監獄裡的思索》作者、在幾年前過世的已故作家申榮福，他的休閒活動是研讀東方古典文學與書法。因政治因素被判處無期徒刑的他，待在不見天日的監獄中，不知道何時會被釋放，研讀古典文學是他得以活下去的「理由」，甚至在獄中認真學習書法，現今全國各地都能看見他的書法字體。研讀古典文學和學習書法，在二十多年的牢獄生活裡帶給他重新塑造自我的動力，而非充滿憤怒與絕望。不僅如此，這兩項休閒活動也是他出獄後在大學授課的內容，以及和大眾溝通的管道，並成為日後他的主要著作《像第一次》與《話語》等的基礎。

所謂的休閒活動，並不是有錢有閒的人才能享受的奢侈品，它是一種自我實現的活動，也是活得最像自己的時候。因此，對於容易倦怠的上班族和追求自我實現的獨立工作者而言，休閒活動是不可或缺的。

我（昇完）的太太在職場工作逾十年，她的休閒活動是學習。太太熱衷於高強度的自主學習，每當壓力增加、生活變得忙碌時，她就會開始學習新東西，短則兩到三個月，長則一年多。下班後，她會在圖書館或咖啡廳讀書兩、三小時，就連周末也會認真學習超過八小時。有時，她為了讓自己能更專注投入學習項目，甚至主動報考相關測驗或挑戰證照考試。考試結果也不錯，幾乎每次都合格。不過，合格與否並不是重點，太太表示自己是在學習的過程中重新獲得能量，也釋放了壓力。事實上，相較於下班後直接回家，反而讀完書再回家的時候，太太看起來似乎更有精神，本以為她應該很累，但做完家事後，還能和女兒玩得不亦樂乎。在我看來，當太太全神貫注投入學習自己感興趣的事物時，是她最迷人的時候。這也就是為什麼我百分百支持太太的持續學習。

休閒與其他興趣的另一個不同之處，在於會產生正向連鎖效應。雖然有些人跟薇薇安·邁爾一樣，從事休閒活動純粹是為了自己，但也有不少人深入研究後，進而將休閒和工作結合在一起。例如，作家赫曼·赫塞把畫畫當成休閒活動，透過畫畫讓他得以克服中年危機，並減輕生活壓力。而當他開始畫畫後，他所寫的小說也出現了明顯的轉變，如小說《克林索最後的夏季》（*Klingsors letzter Sommer*）和《知識與愛情》（*Narziss und Goldmund*）中，登場主角的身份正是藝術家，除了寫作素材和文體有所變化，他更以宛如繪畫般細膩的手法描寫外部景致，刻劃人物的內心世界，讓他的作品增添了獨特的色彩。托瑪斯·曼（Thomas Mann）也認為赫塞開始畫畫後，作品水平確實提升到「另一種全新的境界」。

梭羅的休閒活動是散步，他甚至把散步視為「工作」，可見散步對他而言是多麼重要的一件事。無論天氣好壞，他每天都會散步四小時，外出散步時，他會帶著望遠鏡、放大鏡、筆記本和鉛筆，像是在做研究一樣，細心觀察各種動植物和礦物。他大部分的寫作靈感來自於散步時的靈光乍現。他以散步時隨筆寫下來的日記為基礎，撰寫出二十世紀最偉大的自然文學經典之作《湖濱散記》。

查爾斯・雷茲尼科夫（Charles Reznikoff）的休閒活動是寫詩，他一生為了賺錢從事過許多工作，卻從未沒放棄過寫詩。他不顧旁人評價，這五十多年來堅持每天寫詩。直到年近七十歲，他所寫的詩才開始為世人所熟知，死後被譽為「客觀主義詩人」。就如同他最廣為人知的詩作〈為了賺錢而工作的一天〉中所描述的，他在工作之餘寫詩，在寫詩的過程中，一點一滴慢慢找回自己的力量。客觀描述自己的日常生活，將此作為寫作素材的雷茲尼科夫，比起透過詩展現自己，更著重於涵養內在。因此小說家保羅・奧斯特（Paul Auster）這麼評價雷茲尼科夫的詩歌創作：「他的詩與其說是表達世界的一種方式，倒不如說是在展現這世界的生存之道。」

要如何找到自己的休閒活動呢？首先，休閒活動通常是以前曾經做過的事，而非從來沒做過的。你可能曾經做過類似的事，不一定完全一樣，例如，或許你在學生時期就經常在筆記本上寫詩，才將寫詩作為休閒活動，也可能你小時候比起其他一般玩具，更熱愛需

表10　休閒主題與活動範例

項目	類別	休閒活動（範例）
第一主題	運動	跑步、健行、騎腳踏車、游泳、保齡球、撞球、棒球、足球（及各式球類活動）、格鬥技、劍道、射箭、潛水、攀岩、衝浪、滑雪（單板和雙板）、高爾夫、皮拉提斯、太極拳、功夫等
第二主題	音樂	作曲、DJ、清唱、唱歌、合唱、演奏樂器等
第三主題	跳舞和演戲	現代舞、傳統舞、探戈、芭蕾舞、爵士舞、拉丁舞、街舞等各種舞蹈，以及歌舞劇、音樂劇、舞臺劇等
第四主題	創作	攝影、寫作、拍影片、畫漫畫、寫藝術字、寫書法、居家裝飾、繪畫、插圖、縫紉、手作、刺繡、模型製作等各種手工藝
第五主題	飲食	烹飪、烘焙、咖啡和茶品愛好者、葡萄酒等酒類愛好者
第六主題	遊戲	桌遊、圍棋、象棋、西洋棋、益智遊戲等
第七主題	學習	學習外語、歷史、文學、哲學、天文學、心理學等
第八主題	自然	種植花草樹木、插花、永生花花藝設計、水石盆景創作、觀測天文、露營、登山、釣魚等
第九主題	鑑賞	欣賞音樂、電影、美術、舞臺劇、音樂劇、攝影、建築物、運動比賽等
第十主題	靈性	冥想、沉思、祈禱等
第十一主題	公益	臨終關懷志工、醫療志工、動物保護、文化資產保護者、森林護管員、環境保護活動等

*出處：文耀翰《自己的休閒時光》（智慧屋出版社，2020 年，147-148 頁）

要動手組裝的玩具，因此現在的休閒活動是木工工藝。你可以試著從過去的日記、筆記本、社團活動、興趣、曾聽過的講座等尋找線索，同時留心觀察目前的生活，觀察最能引起自己興趣的活動或主題、聊天時最常討論的話題、經常瀏覽的網站或加入「我的最愛」的清單等。請參考表10，找出過去曾讓你感受到「活在當下」的體驗，或是最近曾讓你渾然忘我投入其中的活動，就能輕鬆找到自己的休閒活動。

真正的「工作與生活平衡」

持續投入在休閒活動，達到熟練的水平，所帶來的快樂遠超乎想像，進而能在人生中展開一條全新的道路。同樣的，申榮福將東方古典文學與書法培養成自己的代表性領域，賈爾．雷諾茲把禪修這項休閒活動與簡報專業結合後，創造出差異化內容，如同他們一樣，我建議將自己的休閒活動培養成為先前在〈創職〉一章中提到的「差異化領域」。有些人會問，光是工作和家裡的事就已經夠忙了，哪來的休閒生活，更何況還要達到狂熱的境界？然而很多例子都顯示，從事休閒活動後，反而更有活力。比起沉迷於線上遊戲或看電視，投入在自己喜歡的事物上，更能感受到幸福。

美國知名小說家瑪莉・羅伯茲・萊因哈特（Mary Roberts Rinehart）原本是一介家庭主婦。她剛開始投入寫作時，正身處於人生中最痛苦的時期。她生了三個孩子，還要照顧無法自理的母親，加上受經濟危機影響投資失利，導致負債累累。抱著即使賺一分錢也好的心情，她開始投入寫作，白天趁空檔書寫，晚上則是等孩子入睡後，在身心俱疲的狀態下提筆寫作。然而，奇怪的是，寫作並不會讓她感到疲憊，反而成了生活的動力來源。寫作是她最富有創造力的時刻，感受到過去從未體驗過的滿足感。從那時起，她全心投入寫作，直到她過世前，出版了超過五十本小說。

「工作與生活平衡」不僅是工作與生活的時間分配。大多數像我一樣為了從事喜歡的工作，離開公司自立門戶的人，往往工作時間都比原本在公司上班時更長，加上通常一開始的收入都會比較少——無論是時間或金錢，上班族視為重點的兩件事，都沒有比以前好，難道這就算失敗嗎？並非如此。

真正的工作與生活平衡，比起時間的量，更重要的是「質」。說到「工作與生活平衡」，許多人都渴望擁有，卻難以實現，然而對於將休閒結合工作，或即使不是興趣所在，但熱愛自己工作的「獨立工作者」而言，並沒有那麼重要。因為和辦公室上班時不

圖17　「工作與生活平衡」並非時間分配問題（左），
而是交集問題（右）

同，他們大部分的工作和生活都是互相交疊的。

簡單來說，對那些熱愛自己工作的人而言，工作和生活的交集變多了，他們不必再大費周章地切割工作時間與個人時間，可以透過做自己喜歡的事情賺錢，同時在工作中享受自我成長的樂趣。我想請各位想想看，為何「工作與生活平衡」如此重要？真正的目的並不在於「準時下班」或「擁有個人時間」，而是在於擁有充滿意義與幸福的生活。當我替別人工作時，工作與生活平衡這件事就很重要；但當我為自己工作時，工作與生活平衡就變得沒那麼重要了。

有些人認為工作和興趣應該徹底分開，他們在進公司脫下外套的同時，也一併褪去了靈魂。雖然默默做著交辦的工作事項，卻感受不到靈魂的喜悅。下班後穿上外套，靈魂才又再次回歸。對他們來說，下班後才是真正的人生，與白天截然不同，短暫的夜晚時間反而過得更加精彩。我們不能責怪他們把人生過得一分為二，但這種生活方式的問題，在於只會讓自己跟工作變得越來越抽離，疲勞感越來越重。如果不斷消耗能量，沒有適時幫自己充電，最終就會導致職業倦怠。

要達到真正的「工作與生活平衡」，藉此實現自我的方法之一，就是建立工作與休閒的交集。我們不僅能夠透過休閒活動讓身心充電，當工作與休閒的交集越多，工作與生活平衡的效果越好。結合工作與休閒除了可以培養差異化專業，也能讓生活更加有活力。正因人類有自我創造的需求，才會想打造自己的理想生活。從現在開始，不妨找出一項休閒活動，持續培養鍛鍊，相信必能創造出屬於自己的精彩人生！

POINT

- 「工作與生活平衡」並非一分為二的時間分配問題，重點在於如何建立工作與休閒的交集。

4

齋戒力

從恐懼到頓悟的過程

戰勝恐懼之路

——學習清空

以下是接續第一章引用自《流浪者之歌》的對話場景。

商人迦馬斯瓦彌語帶嘲諷地問道。

「這些又有什麼用呢？比如說齋戒，它有什麼好處呢？」

悉達多回答：「它大有好處，先生。如果一個人沒有飯吃，齋戒就是他最明智的選擇。比方說，悉達多如果沒有學會齋戒，那他今天就必須找一份工作，不管是在你這兒，還是在別的什麼地方，因為飢餓會迫使他這麼做。可是悉達多卻可以心平氣和地等待，他不會急躁，不會窘迫，可以長時間忍受飢餓的困擾，而且對此一笑置之。先生，這就是齋戒的好處。」[19]

懂得齋戒，意味著能夠不被恐懼束縛，做自己內心的主人。身為獨立工作者的悉達多，雖然對經商之道不甚了解，但他總是樂在工作，並且持續學習，從不因憤怒或不耐煩而做出傷害自己或他人的事，因為他知道如何透過齋戒控制自己的欲望。欲望和恐懼是成正比的，我們會害怕失去擁有的事物或得不到自己想要的東西。商人迦馬斯瓦彌恰巧與悉達多相反，他經常感到焦慮不安，生活在憂慮之中。當生意不順遂或跟有人欠錢不還時，他的表情馬上就垮下來，為此暴跳如雷，甚至因此失眠。

要克服恐懼，我們需要的並非追求更高的成就或與人鬥爭，反而是要試著接納與放下。當一個人沒有任何可以失去的東西，就會變得勇敢。相反的，想要的東西越多，就越容易感到恐懼。想成為獨立工作者，就必須學習齋戒的智慧，懂得清空自己並學會放下。

⓳ 同第六十九頁註12。

恐懼與欲望是異卵雙胞胎

慢速職涯是以更像自己的方式工作，走適合自己的道路。要找到屬於自己的道路，冒險是勢在必行的，但充滿了不確定性的冒險，要揮別熟悉的事物，踏上陌生的道路，等待帶來希望的黎明到來，對任何人來說都不是件容易的事。如果你有獨自長途旅行的經驗，應該就能理解出發當天早上內心的猶豫。明明殷殷期盼了好幾個月，卻在出發前的那一刻遲疑了，不斷地往回看。雖然早已準備就緒，屋內的燈也都關了，卻遲遲不敢打開門跨出第一步。

踏上全新的職涯旅程，會讓人感到悸動不已，就像隨著指南針上的指針慢慢搖晃，逐漸找到方向一樣，找到屬於自己的路時，內心會充滿喜悅。然而，當我們在日常生活中，好不容易朝夢想跨出一步時，臉上的表情可能馬上又變得凝重，遇到殘酷的現實便打退堂鼓，於是生活又繼續被枷鎖束縛，工作淪為謀生的手段，逐漸失去自我。

對我們來說有兩種後悔，一是後悔做了什麼，二是後悔什麼也沒做。前者是後悔「當時為什麼要那樣做？」，後者是後悔「為什麼當時不那樣做？」這兩種後悔誰更負面？綜合多項心理學研究指出，後者對心理健康的危害更嚴重，持續的時間也更久。這是因為人類傾向於從現在的角度，重新解釋過去的行為，如果沒有採取任何行動，結果是未知的，會一直停留在想像階段；相反的，若是後悔做了某件事，至少結果是明確的，也能從中記取教訓。舉例來說，比起鼓起勇氣告白被拒絕，始終不曾告白而錯過的情感，更令人感到懊悔，持續懊惱著當時不夠積極的自己，反覆想像可能的結果。職涯決策也是如此，相較於後悔去挑戰，從未去嘗試反而會留下更深的遺憾。

對於慢速職涯，你最大的擔憂為何？一旦了解自己害怕什麼，就能產生力量勇於面對。據我們調查，人們對於慢速職涯主要有以下四種恐懼：

1. 可以養活自己嗎？做想做的事情真的可以賺到錢嗎？
2. 是否為時已晚？我能夠迎頭趕上其他人嗎？
3. 如果我與社會脫節了怎麼辦？會不會落後大家，獨自一人孤孤單單？
4. 我真的做得到嗎？未來似乎一片渺茫……

乍看之下，這四個問題似乎全是攸關恐懼，但其實背後卻隱藏著欲望。當我們正視欲望並逐一放下，恐懼自然就會消失。然而，人們通常不願意正視內心的欲望，而是選擇壓抑或逃避，但這麼做卻是將欲望推入無意識中。當欲望越是深藏在無意識，恐懼非但不會消失，反而還會加深，有時甚至會利用尋找代罪羔羊或樹立敵人的方式，用憤怒表達恐懼。憤怒也是把欲望投射到外在世界，與壓抑和逃避並無相異，都是不願直接面對恐懼的處理方式。當恐懼和欲望交織在一起，生活就像被枷鎖牢牢地束縛住，難以動彈。

齋戒的智慧能夠戰勝恐懼

許多人因為恐懼而放棄成為獨立工作者，繼續留在公司當個領薪水的上班族。但為了避免當下立即的痛苦，終究會讓自己變得更痛苦。當這樣的情況一再發生，最終會陷入人生的死胡同。對未來不明確的不安感越來越深，不知道自己想過什麼樣的生活，失去了人生的方向。

克服恐懼的第一個方法是「放下」。要放下什麼呢？我們要學會正視欲望並放下欲望。這並非消極的放棄，相反的是一種積極的選擇。當清除欲望後，自然能看見內在真實的渴望，進而了解真正的自己，清楚自己想要過著什麼樣的生活。追求的不再是欲望而是渴望，藉由感受到純粹的快樂，就能讓恐懼逐漸淡化。

齋戒就是「練習放下」，不只是放下對飲食或金錢的欲望。害怕為時已晚的人，需要放下對時間的擔憂；害怕人際關係脫節的人，需要放下對關係的擔憂；缺乏自信心的人，需要透過覺察，進而產生智慧能夠放下過去、創造未來。誠如古聖先賢所言：「寡言少語、清心寡慾、粗茶淡飯，能做到這三點的人，就能成為聖者。」

1. 可以養活自己嗎？做想做的事情真的可以賺到錢嗎？

↓放下對「金錢」的擔憂：即使擁有的財富不多，也能活得自在喜悅

2. 是否為時已晚？我能夠迎頭趕上其他人嗎？

↓放下對「時間」的擔憂：重新安排自己的一天，會發現有很多時間可以準備

3. 如果與社會脫節了怎麼辦？會不會落後大家，獨自一人？

↓放下對「關係」的擔憂：練習孤單，反而會讓關係變得更緊密

4. 我真的做得到嗎？未來似乎一片渺茫……

↓放下對「自我」的擔憂：清空內在的擔憂，專注於創造未來的自己

答案就在自己身上

克服恐懼的第二種方法，就是「記得人終將一死」（Memento Mori）。當我們正視死亡這件事，透過思考死亡的意義，就能擺脫恐懼。全球著名領導大師馬歇爾．葛史密斯（Marshall Goldsmith）曾經如此問道：

想像一下你現在九十五歲，只剩下最後一口氣，就要離開人世了。在你嚥下最後一口氣前，你獲得了一份禮物，可以給現在的自己一項建議。在臨終前，你會對現在的自己提出什麼建議？針對事業上的建議，你會說些什麼？

為了讓大家有參考的依據，葛史密斯實際訪問了幾位所剩時日不多的人，根據調查結果，在工作方面，發現最多人想給自己的建議主要有三個：

第一，樂在工作。如果不喜歡自己現在的工作，就表示這間公司不是你應該待的地方。第二，幫助別人。無論是同事、前輩或後輩，都應該盡可能地給予協助。第三，追求夢想。如果懷有夢想，就試著勇於挑戰。

你呢？變成睿智老人的你，又會給現在的自己什麼樣的建議呢？每當我（昇完）遇到問題時，我都會用這種方式問自己，就能做出明智的決策。身邊的人使用這個方法後，也幾乎都能得到明智的建議，相信你也是如此。沒錯！答案就在我們每個人身上。可以再問自己一個問題：「變成睿智老人的我，又會對現在被恐懼困住的我，給出什麼樣的建議？」想必也會找到很棒的答案。因為答案不在他處，而是在自己的內心深處。美國作家瑞德穆恩（Ambrose Redmoon）曾說過：「勇氣並非無所畏懼，而是能判斷有比恐懼更重要的事。」當恐懼來襲時，不要逃避忽視，而是要深入了解恐懼。我們必須面對內在的恐懼，才能在恐懼中發現更重要的事物。

在本章節中，我們會針對以上提到的四種恐懼，逐一拆解分析。或許不大容易理解，但我會盡可能地用邏輯闡述。並不是因為缺乏論證，而是談論的主題與恐懼有關。恐懼會不斷在腦海中編造各種故事，試圖讓內心充滿恐懼。儘管如此，每個人的內心也都擁有克服恐懼的力量。因此，比起書中提到的論點，重要的是對自己的信念。願你能相信自己，並在接下來的內容中，找到比恐懼更重要的事物。

POINT

- 對於慢速職涯，人們主要有四種恐懼：對「金錢」、「時間」、「關係」、「自我」的擔憂。
- 可以自問：「變成睿智老人的我，又會對現在被恐懼困住的我，給出什麼樣的建議？」

用「擁有」來填補空虛

路上有兩個人在散步，他們同時發現了一朵漂亮的花。其中一個人走近那朵花，細細觀察後，滿心歡喜讚嘆地說：「這真是一朵美麗的花啊！」而另一個人則是毫不猶豫地走向前把花摘下來，他以擁有這朵花為樂。前者是享受事物存在本身，後者則把重點擺在擁有事物的價值。社會心理學家佛洛姆（Erich Fromm）在《生命的展現》（*Haben oder Sein*）這本書中，將生活方式區分為「占有模式」（Having mode）與「存有模式」（Being mode）。

在這兩者之中，你想追求哪種生活方式？有一個很簡單的方法可以確認，那就是檢視第二章中列出的工作價值列表，看看自己比較偏向占有模式還是存有模式？追求占有的人，通常比較注重經濟穩定。不過，在判定自己是偏向占有模式的人之前，有一點必須特別注意——在資本主義不斷刺激個人占有欲的情況下，價值觀很可能會在不知不覺中被扭曲了。

擺脫享樂跑步機

資本主義雖然取得了令人矚目的發展，卻也帶來不可忽視的副作用。其中最具代表性的是，資本主義透過電視、電影、時尚、運動等文化產業，巧妙地灌輸人們「消費即美德」的觀念，塑造出扭曲的欲望。例如，流行趨勢並非由大眾自發生成，而是全球設計師團隊人為操作下的產物。人們為了不落人後，投注大量金錢跟隨流行。資本主義把文化變成商品，刺激人們的消費欲望，創造出前所未有的市場。因此，現代人渴望藉由消費確認自己的能力，透過占有的外在事物證明自己的存在價值，被洗腦成典型的「我占有，故我存在」。

這種洗腦方式最大的問題，在於會讓人們誤以為可以藉由占有某些事物來填補存在感。價格貴十倍的名牌包包，並不代表它漂亮十倍，或是讓你沉浸在滿足感的時間更久；一臺五百萬的跑車也不會比一臺五十萬的車跑得快十倍（法律甚至不允許它跑得比一般的車快兩倍）。但為什麼現代人卻特別偏愛名牌？並不是因為產品的功能更優秀，而是為了追求「高人一等」的感覺。想要向別人炫耀自己「過得很好」，這顯然不是占有欲，而是一種證明自我存在感的欲望。

但矛盾之處在於，占有欲應該透過擁有事物來滿足，證明存在感的欲望應該透過獲得存在感來滿足。然而，現代人卻想要藉由占有填補存在感，這就像是不停地往無底洞灌水，透過占有獲得的存在感只是曇花一現，很快就會消失，旋即又會感到空虛。為了填補內心的空虛感，就會繼續花更多的錢，添購更新奇的事物，最終陷入「享樂跑步機」[20]的循環。

這些人試圖藉由他們所擁有的東西來證明自己的存在價值。由於無法直接給別人看自己的銀行帳戶，因此會透過各種方法，像是故意問別人「這臺車帥吧？」、「我很漂亮吧？」、「不覺得我很有品味嗎？」等，不斷尋求外界肯定，藉此確認自己的存在價值。

---

[20] 享樂跑步機（Hedonic Treadmill），也稱「享樂適應性」，是心理學中用來形容人類不斷追求欲望的概念。顧名思義，就好像在一臺跑步機上，人類會「適應」當前的幸福與快樂，因而不斷往前追尋慾望，永遠不會滿足。

除了炫耀名牌，也會以炫耀其他事物，如整形後的外貌、滿身的肌肉、學歷和職場知名度、對子女過度教育等。過度炫耀自己的人，事實上是想要透過別人的肯定，填補空虛的存在感，也可以說是一種自我安慰的方式。因為如果不這麼做，就無法撫平內心的空虛。

充足的自我存在感

自我存在感充足的人，不會執著於擁有超出需要以外的事物。熱愛與大自然為伍的人、在親密關係中互動密切的人、為自己堅守的價值付出奉獻的人，比較不容易被扭曲的欲望影響。當古希臘哲學家第歐根尼（Diogenes）正在吃麵包和豆子當晚餐時，阿瑞斯提普斯（Aristippus）碰巧經過看到。阿瑞斯提普斯是一個懂得巴結國王並且追求享樂的人，他看到後就對第歐根尼說：「如果你學會向國王阿諛奉承，就不必再吃像這樣的東西了。」

第歐根尼聽完後，淡淡地回答道：「如果你學會即使吃豆子也能感到滿足，就不必再向國王阿諛奉承了。」

對第歐根尼而言，重要的不是擁有什麼，因為即使擁有得很少，也足以讓他感到幸

圖18　〈坐在大甕裡的第歐根尼〉（*Diogenes*），尚—李奧・傑洛姆（Jean-Léon Gérôme）繪，1860年

福。曾經流傳著一件有名的軼事，某天第歐根尼正在曬日光浴時，亞歷山大大帝前來問他有什麼願望，他回答道：「親愛的國王啊，您擋住了照在我身上的溫暖陽光，我的願望就是希望您能稍微站旁邊一點。」第歐根尼的思想被稱為「犬儒學派」（Cynics），因為他無欲無求、活在當下，追求過著「像狗一樣的生活」。實際上，他也確實以大甕為家，過著自由自在的生活。

即使不是偉大的哲學家，在我們周遭也有儘管一無所有，卻依舊生活在幸福之中的人。我（勝晤）在先前的作品《偏鄉教育》（暫譯）一書中，曾介紹過八位返鄉隱居的青年才俊。採訪時，我們曾經多次到這些人的家裡拜訪，他們大部分都是住在小房子。我問他們：「明明地價這麼便宜，為什麼不住在一個有院子的大房子裡呢？」結果他們異口同聲地反問道：「眼前的山川田野就是我的院子，哪還需要大房子呢？」這些人態度都很謙虛，樂在工作，過著幸福的生活。在採訪的過程中，他們精神上的富足與成熟，令我印象深刻。

亞伯拉罕．馬斯洛（Abraham Maslow）的需求層次理論將人類的基本需求分為五個階段，包括生存、安全、歸屬、尊重和自我實現。許多人引用這項理論時，通常會提出「必須滿足低層次需求後，才能進階到高層次需求」的觀點來解釋。也就是說，唯有先填飽肚子後，才會想要獲得尊重；獲得尊重後，才會想追求自我實現。然而，這只解釋了馬斯洛理論的其中一半。據說馬斯洛在過世前不久，認　這個金字塔應該顛倒過來才對。當他研究得越多，越了解到自我實現需求才是人類最基本且最重要的動機。他認為由下而上的需求滿足，與由上而下的「超越需求」同樣重要。換句話說，如果高層次的需求被滿足後，就不會太過依戀低層次的需求。

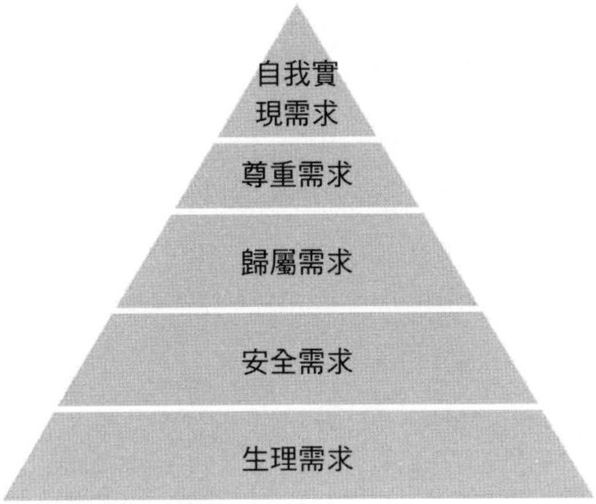

圖19　亞伯拉罕・馬斯洛的需求層次理論

當更高層次的需求得到滿足時，大部份的問題也都會自然迎刃而解。幫助一個遭霸凌排擠的孩子，解決方法不是鍛鍊他的體力，而是讓他有「歸屬感」，這是更高層次的需求。當他有幾位可以傾訴心事的朋友，「安全需求」的顧慮自然會消失。此外，如果能培養孩子的自尊感，可以說是最好的解決方案。就像當我們爬得越高，可以看得越遠一樣；當更高層次的動機需求獲得滿足時，低層次的需求就會減少。在金錢方面也是如此，當精神上得到滿足後，對金錢的執著也會明顯降低。

不過，並不是擁有得少，自我存在

感就會增加，因此不能說存在感與擁有多寡成反比。然而，當自我存在感越強大，就不會執著於追求非必要的事物。這就是為什麼法頂禪師「無所有」的理念，會持續受到廣大的迴響，因為人們內心深處知道，即便擁有再多也無法填補存在感。擁有的一切終究是外在事物，總有一天可能會消失。因此，那些認為「我所擁有的一切等於我」的人，會感到焦慮是必然的。

如果擁有財富與收入穩定對你而言非常重要，不妨先試著想想看，究竟自己是想透過占有證明自己的存在感？還是想維持「不落人後」的生活水平？是單純的占有欲？還是想滿足存在感的欲望？我們應避免陷入資本主義的泥沼，當一個人想透過金錢來滿足自己的存在感，就像想用海水解渴一樣，越喝越渴，最終反而會迎來死亡

還有一點要補充的是，關於「收入穩定」這件事，要考慮的不是五十歲以前的收入，而是整個人生。獨立工作者的前期收入雖然可能比一般上班族來得要少，甚至不穩定，但只要願意做，就可以一直持續下去，收入不會突然歸零。相反的，上班族卻可能在五十歲左右面臨收入為零的風險。誠如《就業的終結》（*The End of Jobs*）作者泰勒．皮爾森（Taylor Pearson）所言：「在這個時代裡，從事穩定工作的人實質上是在累積風險。」

如果以人生整體的收入來看，上班族和獨立工作者兩者中，誰的收入更穩定？一般而言，很難想像普通上班族可以一直工作到超過六十歲，但獨立工作者到了那個年紀，依舊能在自己的工作崗位上閃閃發亮。

獨立工作者的焦點不是擺在擁有的事物上，而是存在感，因為他們深信幸福的關鍵在於存在感。或許你真正想要的並非實質上的金錢，而是超越金錢的存在感，甚至是幸福，不是嗎？那麼，就沒有必要透過擁有金錢或某些事物來獲得幸福，而是可以直接深入內在的核心價值，找到自身的存在感。最實際的做法是從事適合自己的工作，當投入自己喜歡的工作時，除了能感受到幸福，也不會讓你生活在貧困之中。即使金錢沒有那麼充足，卻不會缺乏幸福感。真正的貧窮並非匱乏的金錢，而是為了錢放棄幸福。

POINT

- 當自我存在感越強大，就不會執著於追求非必要的事物。
- 獨立工作者的焦點不是擺在擁有的事物上，而是存在感。

越簡單越美好的極簡生活

——可以養活自己嗎？做想做的事情真的可以賺到錢嗎？

一八八九年，美國新聞工作者娜麗・布萊（Nelli Bly）向自己所屬的報社提出了大膽的建議。她想要挑戰一項計畫：比儒勒・凡爾納（Jules Gabriel Verne）的小說《環遊世界八十天》（*Le tour du monde en quatre-vingt jours*）花更少的時間環遊世界。幾乎所有人都斷言這是一項不可能的任務，因為當時飛機尚未發明，只能搭船和火車，加上女性想要環遊世界，需要帶更多的行李。

但她不顧周遭人反對，毅然決然離開紐約，隻身前往英國、法國和義大利旅行，途中行經埃及、斯里蘭卡、香港和日本等國家，在七十二天內完成了長達四萬公里的環遊世界之旅。當她結束旅程、回到紐約時，她的手裡只拿著一個小小的手提包，就跟出發當時一樣。如果她的行李很多，想必無法完成這趟旅程。

背包的重量就像是恐懼的重量。我們常常看到，旅行新手會帶著跟自己身高差不多的行李，旅行老手則會採取「減法思維」，盡可能減輕行李的重量。因為他們知道行李越輕便，旅行時越能行動自如。獨立工作者也是如此，欲望越少就越自由，能更清楚自己想要的是什麼。學會以下幾項人生智慧，就能走上簡單、自由的職涯之路。

不與別人比較

談戀愛時收到二千元的戒指，結婚二十週年紀念日收到一萬元的戒指，以及七十歲時收到子女們送的五萬元戒指，在不同的階段感受到的喜悅，大致上是相同的。不會因為價格貴五倍，開心就多五倍，或是持續的時間多五倍。這是因為物品價格雖然沒有上限，但人類的情緒是有限度的。即使成為富翁，擁有滿屋子金銀珠寶，基本上感受到喜悅的程度，與發薪時收到年節獎金的開心程度差不多。

現代社會科學發現最重要的事實之一，是高收入水平與幸福感之間並沒有確切的關聯性。心理學家菲利普．布里克曼（Philip Brickman）曾經研究樂透中獎與幸福感之間的關係，發現樂透得獎者和普通大眾的幸福感並沒有顯著差異。正向心理學的先驅艾德．迪安納（Ed Diener）曾針對榮登《富比士》（*Forbes*）排行榜的一百位美國頂尖富豪，以及一般普通人的幸福水平進行調查，結果顯示億萬富翁對生活的滿意度僅略高於普通人群而已。有趣的是，沒有一個富人認為金錢是幸福的保證。

當然，極度貧困的情況除了生活不便，也會帶來不幸。不過，當收入達到能夠滿足基本生活需求的水平後，即使收入再高，滿意度也不會增加多少。因此在我們生活周遭，也經常可以看到即使收入不高，卻依然過得很幸福的人。然而，前提在於「不比較」。「我朋友收到價值兩萬元的戒指」或是「我以前曾經收到更好的禮物」像這種方式的比較，正是不幸的開端，這也是低自尊感的人的特徵。擁有物品的多寡與自尊感毫無關聯，但意外的是，許多坐擁家財萬貫的人，卻很喜歡與他人比較。

法國知名廚師貝爾納・盧瓦索（Bernard Loiseau）在五十二歲時，在自宅內舉槍自盡，留下妻子和三個孩子。他自殺的原因，據說是因為他的餐廳原本在米其林指南中一直維持在三星，但評等被降了一顆星。臨死前，他對身邊的友人說：「我一直想成為第一，但現在我既不是第二，而是第三。」他為此感到痛苦不已。越是依賴外在評價，存在感越是岌岌可危，尤其擁有越多的人，越是如此。

比較是一種習慣，也會讓人上癮。真正自我存在感充足的人，不會與他人比較。套用馬斯洛的話：「音樂家必須去創作音樂，畫家必須作畫，詩人必須寫詩。如果他想達到自我和諧的狀態，他就必須要成為他能夠成為的那個人，必須真實地面對自己。」當我們全然投入在適合自己的工作時，自尊感是滿溢的，不會執著於與他人比較。

專注在體驗本身

心理學家尼爾・羅斯（Neal Roese）建議，當你在考慮購買物品或擁有體驗時，選擇「體驗」會讓你獲得更大的滿足感並減少遺憾，因為體驗比物品停留在記憶的時間更久、更鮮明。就像我們會記得很久以前去的旅行，卻幾乎想不起前陣子買的電視型號。同樣的東西，可以再買得到；但卻很難再複製同樣的旅程，因為旅行充滿了各種變數，像是天氣、同行夥伴、當地狀況等，不可能再有相同的體驗。

選擇體驗而非物品時，要注意的是應該專注在體驗本身上。如果執著在「擁有」某種體驗，反而會扭曲了本質。

例如，許多上班族偏好在休假時，以一種「享受飯店服務」的模式旅行。因為他們不想連休假時，也要被緊湊的行程耗盡體力，把自己弄得更累。對他們來說，「旅行」等於「休息和獎勵」，他們大部分會選擇住上萬元的豪華飯店，一整天待在裡面，除了偶爾參加當地的旅遊套裝行程，主要的時間都在飯店內度過。在高級飯店林立的區域內，有時尚西式餐廳、高級水療中心、郵輪晚餐，讓你彷彿置身在國外度假村。這些觀光客們更喜歡參觀知名地標，像是購物中心、高級餐廳和好拍的網美咖啡廳，而不是這個國家的歷史遺跡和博物館。享受飯店服務式的旅行，某種程度上來說比較像是「犒賞自己」，而非體驗當地文化，因此他們之所以把旅行視為一種「奢侈品」，並不是沒有道理。

真正喜歡旅行的人，住宿時反而會刻意避開飯店林立的地區。他們會去當地人經常去的餐廳吃飯，也會放慢腳步參觀博物館或歷史遺蹟，甚至會盡可能和當地人互動，並嘗試各種新奇的體驗。這些體驗一點一滴逐漸累積後，也會提升自我存在感。在旅行結束後，他們學會了如何把生活過得像旅行一樣，也可以說走就走、隨時出發，這是由於他們懂得專注在旅行本身的體驗上。

我（勝晤）在大學時代去泰國交換學生後，就愛上了泰國。到目前為止，已經去泰國旅行十幾次，其中兩次還是超過一個多月的長期旅行。第一次是帶父母和兩個孩子一起在曼谷和泰國南部玩了一個月，最近一次則是在清邁和泰國北部度過兩個月的旅行。雖然不是豪華之旅，卻是意義深遠的旅行。多虧了旅行，太太和我爸媽的感情變得更緊密，也為孩子們創造了深刻的記憶。還記得在清邁旅行時，六歲的小兒子一早起床後，開心地對我說：「爸爸，我好幸福喔！因為從早上起床到睡覺前，都可以和爸爸、媽媽還有哥哥黏在一起。」這段話至今令我難以忘懷。我們家約好了每年都要有一次一個月環遊世界之旅，正因為我們曾經體驗過，即使一個月只花很少的費用，一家人也可以玩得很開心。

反之，享受飯店服務式的旅行，比較不像體驗而是擁有，可以說是一種「補償」的概念，因為心情不好所以花錢，這意味著如果沒有壓力，就不必消費。在電視新聞播出時，通常會以「報復性消費」稱呼，像是因為工作壓力太大而到高級髮廊燙頭髮，或是平時搭公車或捷運回家，今天卻選擇搭計程車。這種消費模式是基於一種減輕疲勞和壓力的補償心理，雖然花完錢短暫獲得了安慰，還是得要回公司繼續上班賺錢，面對殘酷的現實。

壓力越大、持續的越久，基於補償心理的報復性消費情況就會越嚴重。旅行結束後，為了填補鉅額旅費支出的漏洞，再次陷入壓力，形成一種惡性循環。相反的，專注在體驗本身的旅遊，雖然沒有豪華的享受，卻能帶來滿滿的幸福感，同時由於花費較少，可以毫無負擔地一再重複同樣的旅行。旅遊手冊介紹的美食餐廳，真正好吃的沒幾間，反而是當地人推薦的道地餐廳，不但富有人情味，價格低廉又美味。消費也是如此，當專注在體驗本身時，就能創造出無論是CP值或滿意度都很高的消費體驗。

區分需要還是想要

除了「報復性消費」，年輕人也經常出現「花錢買快樂」的情況，是指在日常生活中藉由揮霍金錢並從中獲得樂趣的一種消費形式。喜歡蒐集模型玩具的人，會毫不手軟地添購各式各樣的模型玩具；喜歡包包的人，會依照不同款式購買各種品牌包。此外，還有五花八門的網路折價券、比價網站、海外直購等資訊不斷刺激消費的欲望。他們會興高采烈地炫耀自己以不到半價購入的包包，卻忘了旁邊還堆著十幾個連包裝袋都還沒拆開的包裹。究竟是他在背包包，還是包包背著他呢？

我們在擁有某件物品的同時，一方面也被物品給綁架。擁有太多不必要的東西，反而會讓自己被綑綁住。一輩子獨居在深山小屋，過著簡樸生活的法頂禪師曾強調：「人要因必要而活，不要因欲望而活。」這意味著我們在添購物品時，不是先考慮價格有多便宜，而是要先問自己：「真的有需要這個東西嗎？」需要是維持生活的基本條件，但欲望只是身外之物。

獨立工作者若希望從事自己喜歡的工作，不被金錢綁架，必須要學會降低收支平衡點。如果不小心隨著收入增加，就增加消費支出，一旦收入降低時，將很難再回到原本的消費水平。因此，平時就要做好支出管理。減少支出的方式並非購買便宜的商品，而是先從刪除不必要的消費開始做起。想要購買任何物品前，可以試著問自己以下兩個問題，相信會有所幫助。

- 「我是真的需要這個東西，還是出於想要擁有的欲望？」
- 「我是真的喜歡才買，還是只想透過這個東西來證明自己的價值？」

極簡主義（Minimalism）是一種以最精簡的元素創造出最大效果的概念，也是一種比起擁有更重視體驗的生活方式。它與近期流行的「簡約風」，透過添購物品裝飾房子，兩者在本質上是不同的。真正的極簡主義是在生活中減少不必要的外在事物，把重心擺在自己身上。當我們擁有得越少，越能在金錢和時間上獲得自由，才能聚焦在生活中真正重要的事物。有智慧的人，會謹慎挑選自己喜歡的物品，一旦擁有後，就不會再花心思關注其他類似的東西。就像法頂禪師喝茶用的茶具，或寫字用的萬年鋼筆，需要一個就只拿一個。挑選到自己喜歡的東西後，就會使用很久。他所強調的「無所有」，並非一無所有或變得窮困潦倒，而是透過清空和擁有最少的東西，讓自己不被外物所奴役，過得輕鬆自在的人生，這才是「無所有」的核心理念。

當我們專注於體驗的本質而不與他人比較，並嘗試只擁有我們需要的東西時，即使不富有，依舊能過著幸福的生活。明白這一點後，就能不必依附公司，以獨立工作者之姿，走出屬於自己的路。選擇工作時，能夠不受金錢限制，就是一種莫大的自由。不妨試著挑戰一下，看看你有多自由吧！

POINT

- 區分需要還是想要時，可以問自己：「我是真的需要這個東西，還是出於想要擁有的欲望？」、「我是真的喜歡才買，還是只想透過擁有來證明自己的價值？」

一天只有22小時，2小時是拿來學習的

——是否為時已晚？我能夠迎頭趕上其他人嗎？

在四十九歲那年，在巴黎海關擔任基層主管二十多年的亨利．盧梭（Henri Rousseau），辭職成為一名全職畫家。被譽為「美國國民畫家」的摩西奶奶（Anna Mary Robertson Mosesu），比盧梭大二十五歲的她，直到七十五歲才開始學畫畫，留下一千多幅作品。六十八歲榮獲普立茲獎的法蘭克．麥考特（Frank McCourt），他原本是一名老師，教學長達三十多年，投入寫作時已是六十歲。英國的安妮．伍德（Anne Wood）也是從教師退休後，運用自己的教學經驗，在六十二歲時製作了ＢＢＣ兒童節目《天線寶寶》（*Teletubbies*）。而長期從事推銷工作的雷．克洛克（Ray Kroc），當他向麥當勞兄弟提議合夥時，已年屆五十二歲。

學習不是時間問題，是優先問題

想要成為獨立工作者，永遠不嫌晚。但隨著年紀不同，學習比例也必須有所不同。假如你目前是二十幾歲，可以大膽嘗試學習各種新鮮事物，「投入喜歡的事」和「做自己擅長的事」的比例為七比三。但如果年紀已超過四十歲，就不能忽略現實考量。因此，學習的重心應該擺在自身的經驗和優勢，「投入喜歡的事」和「做自己擅長的事」的比例為三比七。

即使現年五十歲，未來也還有三十年要繼續工作，有足夠的時間可以學習。但由於起步比較晚，應該優先學習生活中的首要事項。雖然說「學習有最佳的時間點」，但對一般人而言，學習新事物最困難的並非年紀，而是優先順序。許多人都會說「不看書是因為沒有時間」，然而，實際問他們週末的閒暇時間在做什麼，幾乎都不是拿來閱讀，而是看電視或打電動等。換句話說，學習並非時間問題，而在於優先順序。

想要挪出時間學習，必須先減少不必要的時間浪費。為此，彼得·杜拉克曾強調要想做好時間管理，就該製作一本「時間日誌」，每年約花一星期左右的時間，如實地把自己實際上如何運用時間一一記錄下來。不要憑著記憶想說日後再作記錄，哪怕是微不足道的小事，也要當下就立刻記錄下來，接著再好好檢視一星期的時間日誌，就能清楚知道我們究竟浪費了多少時間在許多不必要的事情上。

最有可能的「時間小偷」是網路活動，包括電視、手機、網路、線上遊戲、社群媒體等在內。生活在網際網路時代的我們，光是減少上網時間，每天至少就能多出一小時。此外，減少不必要的聚會和應酬，也是不錯的方法。海德格曾明確指出失去自我價值定位的人，其行為模式就是「閒聊」。除了上網和各種聚會，我們可能還會因為各種雜事浪費時間。透過記錄「時間日誌」，可以確認並嚴格管控時間，減少從事浪費時間的活動，保證每天就能多出好幾小時的時間。

尋找最佳學習時機

身為一個上班族，在一天當中可以挪出的時段有兩個：上班前和下班後。考量自身的狀況後，我們應盡可能地把握最適合自己的時間段加以運用。根據時間生物學多項研究指出，每個人有自己先天的生理時鐘，難以用人為的方式控制。也就是說，每個人都有不同的活躍時間段，未來學者丹尼爾．品克將其分為三種類型，分別為：雲雀型（晨型人）、蜂鳥型（中間型普通人）和貓頭鷹型（夜型人）。

我（昇完）花了五年時間開發並經營一套晨練計畫，因而特別深刻有感每個人的「最佳時間」都不同。這套計劃的目標是讓學員挑戰連續早起一百天，並執行自己設定的活動。在五百多名學員中，不到兩成的人成功養成了早起的習慣。能夠徹底執行晨練計畫的人，很顯然地屬於「雲雀型」。雖然偶爾也會有一些「貓頭鷹型」的人，以驚人的意志力完成一百天的早起挑戰，但能長期維持早起習慣的人卻不到五%。至於「蜂鳥型」挑戰早起成功的機率，取決於對晨間活動的喜好度，早起對他們而言，不只是意志力的問題。

想確認自己是哪種類型的方法如下：白天睡覺時間長的人，很可能是貓頭鷹型；晚上睡覺時間長的人，十之八九是雲雀型。若周末起床時間與平常差不多，就表示偏向晨間型；比平常晚大約一小時左右，則屬於中間型；如果起床的時間更晚，有很高的機率是夜間型。此外，觀察自己在早上、白天和晚上這三個時間段，哪個時間段的精神狀態最好，就可以知道自己屬於哪種類型。

成為獨立工作者的過程是一項長期計劃，因此必須盡可能配合自己的生理時鐘，找到最適合自己的步調，以達到時間管理的最大效益。「雲雀型」的人應該把握上班前的兩個小時；「貓頭鷹型」的人則最好充分運用下班後的兩個小時。那麼，精力充沛的時間段剛好落在上班時間的「蜂鳥型」人，又該怎麼做？蜂鳥型的人能在最合適的時間內完成重要的工作，應該把重點擺在提高工作效率，保持良好的身心狀態，接著，再把蓄積的能量投入在職涯準備上。此外，即使同樣都是中間型，由於每個人的生理時鐘不同，大致上來說，上午狀態比較好的人，就善用晨間時間；若下午狀態比較好，則以運用晚上時間為主，是較為理想的做法。

最好每天都撥出時間為職涯發展作準備，如果無法，至少也要趁周末或利用平日一到兩天的時間學習，而且必須盡可能投入更多的時間。榮獲諾貝爾生理醫學獎的奧利弗．史密斯（Oliver Smithies），五十多年來堅持執行「週六早上實驗」計畫。史密斯原本是一名生物化學家，與平日做的實驗不同，每週六他會暫時放下與專業領域，盡情投入自己感興趣的研究主題。由於太過投入，以至於常常從早到晚都待在實驗室，而他大部分的成就，包含諾貝爾獎在內，都是以週六的實驗為基礎而成的。史密斯在二〇一七年去世，享年九十一歲，直到他過世的前一年，仍持續不斷進行週六實驗這項計畫。

史密斯的狀況並不是特例，二〇一〇年榮獲諾貝爾物理學獎的安德烈．蓋姆（Andre

Geim）則是對「週五實驗夜」樂在其中，他因研究被譽為神奇材料的石墨烯（Graphene）而獲得諾貝爾獎，這項研究最初也是基於他的個人興趣。日本哲學家今道友信固定每週六晚上自學但丁的《神曲》，並執筆撰寫《但丁神曲講義》。年逾七十歲的他，因此成為了一名但丁專家，對他而言是一個全新的突破。

這三個人在成為學者前，都曾經是忙碌的上班族。和其他上班族一樣，平日除了要上班，還得上課和做研究，同時參與各種會議，處理繁瑣的行政事務。一忙起來也經常要加班，應酬和出差次數也很頻繁。在這樣的狀況下，我們建議可以利用平日或抽出一天週末，專心學習自己感興趣的領域。

「活出自己，邁向卓越」是慢速職涯所追求的終極目標。想要運用自身天賦，創造出偉大的作品，就必須持續不斷學習。每個人的一天都是二十四小時，但每個人都可以自己決定如何安排學習時間。試著問自己：「想要活出自己、達到卓越的境界，我應該怎麼做？」

秉持業餘精神的專業人士

長時間以來進行晨練計畫，讓我也體會到另一件事。除了了解自己是哪種時間類型的人，了解在那段時間內做什麼事情也很重要。參加晨練計畫的人們，如果不是做自己感興趣的事，或沒有任何學習主題，晨間早起計畫往往也會失敗。想要在事業上有所突破，除了充分利用最佳時間學習，也必須認真挑選學習主題。假如沒有規劃好值得投入心血的項目，即使好不容易抽出兩小時學習，也很難全然投入其中。

設定學習主題的基本原則，在於「強化專業領域」及「開發差異化領域」。以現有優勢為基礎加強自己的專業能力，找到差異化領域，再將兩者結合在一起，進而培養屬於自己獨特的「必殺技」。考量到時間有限，我建議先把重點擺在「發展差異化領域」。因為專業領域和工作有關，相較之下有比較多的發展機會，也可以在上班時間深耕專業能力，而差異化領域通常停留在興趣階段，因此必須加強鍛鍊。此外，如果下班後還要額外抽出時間學習與工作有關的專業領域，很可能會因為興趣缺缺，很快就放棄了。

不妨試著每天花兩小時，投資在自己熱愛的休閒活動或感興趣的事物上。喜歡寫作的人，可以每天花兩小時寫一篇文章，並上傳到部落格；想成為講師的人，則可以每天練習寫講稿，趁週末時請另一半當觀眾，進行像TED十八分鐘演講這類的短講；喜歡畫畫的人，可以每天畫一幅畫，拍照後上傳到社群媒體上。我（昇完）在三十多歲時，花了近五年的時間研究MBTI和STRONG（史氏職業興趣量表）等職業性格評測工具。事實上，我一開始沒有刻意去研究，而是因為平時就對職涯發展很感興趣，再加上想更了解自己的個性才開始投入學習。讀完一本與MBTI有關的書後，對此產生了興趣，並接受相關教育課程，每天持續學習，自然而然地把性格與職涯連結在一起，之後更進一步取得「MBTI專業講師」與「STRONG職涯講師」證照。這些學習對我職涯教案編制和寫書也有很大的幫助。就連現在寫這本書，我也是以「人物學」為重心，深入研究「大師的學習方法」和「向大師學寫作」等感興趣的主題。

業餘人士這個名詞，通常是用來形容「實力尚未達可以養活自己的程度，只是單純當成興趣的人」。然而，業餘人士的英文「amateur」，其實是源自於拉丁語「Amor」（愛）。換句話說，業餘人士是指純粹對這件事著迷，並樂在其中的人。

一般而言，專業人士（professional）不同於業餘人士，他們在遇到問題時，傾向於追根究柢、探討問題的根本，習慣以熟悉的知識處理問題。當問題和變數明確時，運用熟悉的方法解決是有效的手段；但面對充滿環境不確定因素和各種變數的棘手問題時，結果往往不如預期。專業知識就像一把雙面刃，因為它雖然適用於處理一般問題，但對於處理高度不確定性的問題時，固有的專業知識反而有礙於創新，更難找到解決之道。

時至今日，我們看到許多驚人創新，大多數都是結合兩種不同領域創造出來的成果。像是先前提到的兩位諾貝爾得獎者史密斯和蓋姆，他們不讓自己的職涯被侷限在某一個專業領域，他們明白解決特定領域的難題，最好的方法是從其他領域找答案，而不是在原本的領域裡鑽牛角尖。今道友信也是不被自己的哲學專業領域限制住，反而將哲學思維應用在研究《神曲》上，他所撰寫的《但丁神曲講義》之所以被評為最獨樹一幟的神曲解析，關鍵就在此。這三個人充分展現了「業餘精神」的典範，透過各自的實驗和學習，探究自己感興趣的領域，而非侷限在專業領域，進而提升自己的靈活應變能力。

業餘的本質是抱著純粹的熱情、享受的態度和好奇心，並在過程中找到樂趣，而非專注在某個特定的領域，汲汲營營於追求財富或名聲。整體而言，業餘人士比較不會受限於某種既定觀念，也不拘泥於任何形式教條，因此更自由且富有創意，再加上他們充滿好奇心，會毫不猶豫地提出疑問。基於這些特質，業餘人士往往會以新的脈絡去看待熟悉的概念，或在以新的方式運用既有知識的過程中，激盪出創新的想法。許多像畫家保羅・高更一樣出身業餘的人，之所以能夠蛻變成劃時代大師級人物，也是基於這個原因。

傑出的宗教學者凱倫・阿姆斯壯（Karen Armstrong）和喬瑟夫・坎伯，他們並不具有宗教學學位。在牛津大學主修英國文學的凱倫・阿姆斯壯，利用課餘時間靠自學攻讀神學和宗教學，因此她才能抱著開放的心態接觸宗教。她把神學結合英國文學，並善用熟練的寫作技巧，寫出讓人容易理解的文字，搖身一變成為一名專業的宗教作家。坎伯原本也是主修中世紀文學，取得碩士學位後，對各種領域都感興趣的他，以自學方式研究神話學、宗教學及榮格的分析心理學，堪稱是雜學家。曾撰寫多本韓國暢銷神話書籍的李潤基，雖然沒有相關學位，甚至連高中都沒畢業，卻透過長期自學成為頂尖的神話作家。

不過，這麼說並不表示學位毫無用武之地，只不過學位雖然是獲得「社會認可」的手段，卻不能作為區分能力高低的標準。也就是說，並不是沒有相關學位或證照，就無法成為獨立工作者，反而可以成為挑戰的新契機。史密斯、阿姆斯壯、坎伯和李潤基等人，在在證明了這一點，他們都是秉持著「業餘精神」的專業人士。即使成為專家，也要繼續保持純粹的熱情、享受的態度及充滿好奇心的業餘精神。

想成為獨立工作者，必須要做好充分的準備。最有效的方式是每天花兩小時專注學習。試想，如果把重心擺在學習，投入自己的時間和資源，生活將會變得如何不同？透過每天一點一滴的累積，就能靠自己的雙手，打造一個屬於自己的世界。只要下定決心去做就對了！

從此刻起，一天只有二十二小時。規劃好每天兩小時，從最重要的事情開始做起！

POINT

- 學習的最大阻礙並非時間不足，而在於優先順序。
- 設定學習主題的基本原則在於「強化專業領域」及「開發差異化領域」。如果考量時間有限，建議先把重點擺在發展差異化領域。

孤獨，讓關係更深入

——如果與社會脫節了怎麼辦？會不會落後大家，獨自一人？

北美印第安人獵捕野牛的方法之一，就是利用野牛澗地帶（Head-Smashed-In Buffalo Jump）。由於野牛的眼睛是長在頭的兩側，加上牠們激動時習慣低著頭往前跑，確認方向時則是斜眼瞄旁邊的同伴，跟隨群體繼續狂奔。印地安人正是利用野牛這種特性進行狩獵。

他們先是以快馬加鞭的方式追趕牛群，把牛群趕到懸崖邊。當前方的牛群抵達懸崖邊後，開始呼喊後方的同伴要牠們停下來，但卻為時已晚。最前方的牛群根本來不及停下來，就被後方狂奔而來的同伴推擠跌落懸崖谷底。跟在後方的牛群，沒看到是懸崖，也跟著一起跳下去。待一陣騷動過後，印地安人就在懸崖下方坐享其成，把摔落懸崖死去的野牛帶回家，狩獵就此結束。

跟隨群眾就一定安全嗎？

人多的地方，不一定是安全的。尤其在最近動盪的時代，人潮湧向的地方往往不是生機盎然的綠林，而是陡峭的懸崖。著有《市場、群氓和暴亂》（*Markets, Mobs & Mayhem*，暫譯）一書的作者羅伯特・門斯切（Robert Menschel），從年輕時就對「群眾狂熱」十分感興趣。他花了數十年的時間，蒐集各種相關案例，像是荷蘭的鬱金香熱潮[21]、美國的經濟大蕭條[22]，以及聽到有人大喊大壩倒塌後，全市市民爭相避難的事件等，研究出一套不陷入過度狂熱的方法。接著，他再把這套心法運用在股票投資上，創下四十年來的最高報酬率，成為傳奇投資者。他在書中曾指出：「越是堅信不疑地盲目從眾，犯錯的可能性越大；即使是對的，做跟別人一樣的事情，也不見得能夠獲得同等的報酬。」

---

[21] 指一六三七年發生在荷蘭的泡沫經濟事件。當時鬱金香被視為「宮廷之花」而備受喜愛，因此從貴族、商人到農民和一般工人都競相高價收購鬱金香球根，導致價格瘋狂飆高。特殊的球根，甚至可以在阿姆斯特丹買下一棟房子。

[22] 指一九二九年至一九三三年之間的全球經濟大衰退，是二十世紀持續時間最長、影響最廣、強度最大的經濟衰退。一九二九年，美國華爾街股市一夕崩盤，銀行倒閉、民眾擠兌、工廠歇業，失業率更飆升到二五%。

許多人擔心自己會落於人後，對踏進新的職涯領域猶豫不決。或許是因為見多了懷抱著雄心壯志離職，卻撐不到幾年又重返職場的情況。不少人在離職後，吐露自己獨自出來闖蕩的不安。但以長遠來看，並非待在公司就表示一定安全。我們最晚在六十歲左右，就必須離開公司的保護傘，往後的三十多年都得自食其力。在公司待越久，對公司的依賴度越高，未來反而更難獨立。

意識到待在群體內並不意味著安全，我們必須在公司內培養自己獨當一面的能力。關鍵在於讓自己處於孤獨狀態中，聆聽內在的聲音。因為人們在孤獨時，才能重新檢視自己的生活。當然，人類還是得透過和他人互動合作，進而發展自我。擁有良好的人際關係，確實有助於身心成長。不過，除了建立關係的能力，學會孤獨也相當重要。

人類本質上是孤獨的，來到這世上是一個人，離開時也是一個人。安東尼·史脫爾（Anthony Storr）在《孤獨，是一種能力》（*Solitude*）中，曾強調人們在獨處時會觸碰到自己的內心深處，重新整理自己的想法，改變自己的思維。擁有獨處的能力，也象徵著具備成熟的人格特質。

孤獨是人生學校必備能力

孤獨（solitude）和孤單（loneliness）是不同的。孤單是指當一個人依賴某種人事物，而依賴被中斷時所產生的情緒。相反的，孤獨在心境上是「不依賴」，是一種懂得獨立思考和採取果斷行動的態度。換句話說，孤單其實是一種依賴感，而孤獨則意味著自尊感。如果說孤單是因為獨處而感到痛苦，那麼孤獨則是享受獨處的狀態。從某種意義上來說，孤單是一種「想要逃離獨處的感覺」，無法真正享受獨處。越容易感到孤單的人，會誤以為孤獨是被孤立的感受，就像是單獨被關在房間內，與世隔絕的狀態。但孤獨真正的本質並不是維持物理上的距離，而是以自己的方式展現獨立個體的存在，也就是在生活中綻放自己的光芒，找到屬於自己的步調。

我經常遇到害怕與社會脫節，對成為獨立工作者感到遲疑的人。他們表示擔心自己被貼上「門外漢」的標籤，害怕和同事們漸行漸遠，或不被家人和另一半支持。但如果仔細觀察，往往會發現他們真正害怕的其實是「孤單」。他們真正擔心的是得不到眾人的理解和認同，感覺自己似乎被排除在外。然而，一旦學會孤獨的能力，就會發現孤單是一種假象。當處於孤獨狀態時，反而可以讓外部的喧囂暫停下來，更貼近自己內在的聲音，藉此重新檢視自己，深入探討人生。從那些各個領域的大師級人物，並具備崇高品格的人身上可以看出，他們大多數也都是經歷長時間的孤獨，不斷自我檢視，才能成就非凡。

當然，當你找到自己的路堅持走下去，人際關係範圍可能會縮小，交友圈也可能會大洗牌。原本經常聯繫的朋友，從此不再聯絡；家庭關係也可能出現裂痕。尤其在一開始，這樣的狀況會特別明顯。我（勝晤）在三十歲轉換跑道投身教育事業時，身旁的人也曾對此議論紛紛，就連最要好的朋友也說我變了，常常露出不悅的神情。由於我們的價值觀越來越分歧，聊天時經常起爭執，甚至有一次還因此大打出手。加上家人的反對，也造成我不小的壓力。原本父母還因為我考上KAIST理工學院而感到驕傲不已，對於我決定轉換跑道這件事，自然難掩內心的失望。從以前到現在，父親從未干涉過我的任何決定，卻怒氣沖沖地對我說：「我真的不知道你到底在想什麼！」

現在回想起來，我認為這只是尋找自己的道路途中必經的過程。事後才知道，父親其實是我的匿名忠實讀者。我在改革經營研究所網站上發表的文章之所以瀏覽次數最高，也是因為父親的關係。和朋友經過一年的冷靜期後，現在也跟以前一樣要好。雖然彼此的價值觀不同，但友誼並不會因此而改變。每次換工作時，「共事的夥伴」也會換成另一批人，當中會繼續聯繫的人少之又少，但過程中也認識了許多不錯的人，結交深厚的情誼。尤其在改革經營研究所中，更是遇到了一輩子亦師亦友的夥伴們。

建立深度關係的六種方法

成為獨立工作者後，慢慢地學會與孤獨共處，人際關係也變得「重質不重量」。雖然跟以前相比，交友圈變小了，但關係卻變得更深入。這是因為內心比較有餘裕，可以重新檢視這段關係，同時為關係注入能量。而且越是親密和信任的關係，越能尊重對方，給予對方獨處的空間。如此一來，孤獨和關係就不是天平的兩端，而是相輔相成的。

根據這段時間以來的經驗，針對獨立工作者如何建立人際關係，我想提出一些建議。這並不是唯一的正確答案，不必完全按照這些方法，但這是我們這十幾年來，在追求慢速職涯的過程中所累積的經驗，可以作為你的參考，相信會有所幫助。

第一，學會和孤獨做朋友。越是害怕孤單，就越會想要經常和更多人見面。然而，孤單的感覺並不會在嬉笑聲和聊天中消失，反而會因為和他人比較而變得意志消沉，或見面後感到空虛而更痛苦。我們並不是因為獨自一人而感到孤單，而是缺乏與自己內在對話的時間，卻一味地只想依賴他人。如果說關係是人與人之間的連結，孤獨就是和內在的自我連結。就像電影《浩劫重生》（*Cast Away*）的主角對著一顆名為「威爾森」的排球自言自語一樣，試著在孤獨創造的內在空間中和自己對話吧。日記是最推薦的自我對話工具，可以像寫信給自己一樣練習寫日記。或是像古希臘的明君馬可斯・奧理略（Marcus Aurelius），製作一本屬於自己的冥想紀錄，也是不錯的方法。靜心書寫可以幫助我們自我覺察，進而做出不一樣的改變。不妨找出一種方法，試著每天早上展開與自己的內在對話吧！

第二，無須在意他人的眼光。不曉得你有沒有過這樣的經驗？曾經平日白天沒工作在家休息，在社區附近走動時，對他人的眼光感到不自在。但仔細想想，其實根本沒有人會密切關注自己。他們最多只是短暫的關注，大多數的人都忙著處理自己的事。假如能不在意「他人眼中的自己」，此時此刻就能輕鬆做自己。

第三，練習靜默。當外在世界越是紛亂，越需要透過靜默恢復內在的平衡。就像練習孤獨能讓關係變得不同，練習靜默也有助於提升溝通能力。當然，這裡指的靜默不只是緘默不語，還包括內心的靜默。透過靜默，能讓紛擾的內在重拾平靜。狄帕克・喬布拉

（Deepak Chopra）也曾表示：「透過靜默讓內在保持平靜，進而獲得創意的靈感和安定感，是任何事情都無可取代的。」

練習靜默最好的方法，就是學習冥想。最好先採取輕鬆的練習方式，不要一開始就想做到完美。可以到書店挑一本自己喜歡的冥想書籍，試著學習冥想。如果不知道要挑哪本書，建議初學者可以從一行禪師的《正念的奇蹟》（*The Miracle of Mindfulness*）和蘇琦・諾沃格拉茲（Sukey Novogratz）所寫的《極簡靜心》（*Just Sit*）開始入門。冥想的關鍵不在於方法，而是持續練習。包含前置準備時間在內，每天花三十分鐘冥想就足矣。只要每天持續練習，冥想技巧自然會日益精進

第四，把另一半當隊友。當你想進行一項全新的重大挑戰時，你必須說服的對象就是另一半，他／她同時也是你最難搞的客戶，因此若是能夠贏得他／她的心，相較之下說服其他客戶就變得容易許多。想要得到另一半的支持，最好的方法是展現出自己做足準備的樣子。沒有任何事情比充足的準備更能贏取信任。首先必須先把自己的計畫整理好，嘗試說服另一半。當對方提出合理質疑時，不要劈頭就說：「你不相信我嗎？」而是要思考解決方案，重新向對方說明。請記住一點，這個過程並不是在消耗能量，而是在為新的職涯

做準備。經過一點一滴努力的累積後，準備會更加完善，也能獲得另一半的信任。

我（昇完）結婚時恰逢剛離開職場，尚未有一份明確的工作。由於還在思考未來的職涯規劃，也無法立刻找工作或創業。我向太太解釋我的情況，以及未來的夢想和計畫。儘管這幾年，太太必須撐起養家餬口的重擔，但太太總是傾聽我的煩惱，陪我一起找出答案；面臨重大問題時，她也是一名可靠的隊友。最重要的是，太太比我更相信我的夢想和潛力。事實上，我們在結婚時曾做過一項約定：「永遠把彼此的夢想視為最優先事項，並且至始至終都予以支持」，太太完全遵守了這項約定，也因此完全贏得了我的敬重。

第五，尋找能夠帶來啟發的導師。不是只有學生才需要老師，老師真正的角色是引導學生發掘真實的自我，並向學生展現全新的生活典範。因此，真正需要老師的時候，反而是在長大成人，尤其是出社會後。比起在學校，在職場上需要面對更多的不確定性和變動。想要度過這些波濤洶湧，在人生重要的十字路口，必須要有一位可以請教他「該怎麼做才好？」的老師。

能直接向老師學，是最好不過的。但如果無法見到老師本尊，也可以把老師當成典範學習。透過導師的書籍和作品學習，這個過程稱為「私淑」。孟子以比自己早出生一百七十多年的孔子為師，長期奉行孔子的中心思想，甚至達到可以與孔子並駕齊驅的境界。茶山先生丁若鏞將素未謀面的　瀷先生，視為終生導師尊敬。向偉大的導師學習，藉此拓展自己心靈空間的案例，在古今中外的歷史上，猶如綻放耀眼光芒的璀燦星辰，多不勝數。我（昇完）也是以卡爾・榮格和法頂禪師當作心靈導師，向他們學習。如果你還沒有，試著找出能成為「明鏡」和「燈塔」的導師吧！

最後，可以嘗試和志趣相投的社群進行交流。通常離開公司後，職場上的同事很快就會變得疏遠，因為共同的利益基礎（公司）消失了。相較之下，一開始就不存在任何利益關係，單純因為興趣相似而聚在一起的社群，比較不容易疏離。成員之間分享彼此的經驗，透過一起練習、深入學習，進而更了解自己。我和勝晤作家這十幾年來一起學習，包含這本書在內共同執筆寫了好幾本書，一開始也是在因共同興趣結合而成的社群（改革經營研究所）中認識的。

獨立工作者是以群居的社會為舞臺，而非沙漠或洞穴。對獨立工作者而言，關係和溝通也一樣重要。此外，慢速職涯是以「活得像自己」和「獨立」為目標，必然會伴隨著孤獨。孤獨感會讓我們開始和自己對話，隨著對話越深入，與他人的關係也會更緊密，彼此更能真誠溝通。獨立工作者並不是孤立或與社會脫節，而是以深入的關係和穩健的自信為基礎，活出真正的自己。

POINT

- 長遠來看，在公司待越久，對公司的依賴度越高，未來反而更難獨立，因此我們必須在公司內培養自己獨當一面的能力。
- 針對獨立工作者如何建立人際關係的六項建議：學會和孤獨做朋友、無須在意他人的眼光、練習靜默、把另一半當隊友、尋找能夠帶來啟發的導師、和志趣相投的社群進行交流。

在睡前想像美好的未來

——我真的做得到嗎？未來似乎一片渺茫……

相信每個人都有印象深刻的一部電影或一本書，裡面有著令人難忘的場景或佳句。在我們的生活中，也有像這樣難忘的時刻。生命在時間的長河流淌著，但那些珍貴美而麗的片刻時光，會烙印在我們的靈魂深處。人生並不是活著的時間總和，而是那些深刻難以忘懷經驗的總和，而活著，就是去體驗生命中的每一刻和每一個畫面。

你的人生充滿哪些時刻？人生中最美好的畫面是什麼？如果記不得人生中有哪些美好畫面，是一件很可悲的事，但人生真正的悲劇是無法想像未來的美好畫面。如果無法想像自己的未來，就不可能實現夢想。如果不能撰寫自己的人生劇本，就只能活在「憶當年」的過去，或按照別人寫好的劇本生活。

因此，不妨試著問自己：「我希望人生充滿哪些時刻？」、「我夢想中最美好的畫面是什麼？」

將最美好的時刻刻印在潛意識

根據愛因斯坦的狹義相對論，如果物體的速度超越光速，就可以進行時空旅行，穿越到未來或回到過去。也就是說，只要能突破「光速屏障」，穿越時空是有可能的事。然而，人體的速度是有極限的，最快也只能在十秒內跑完一百公尺，要超越光速幾乎不可能。另一方面，我們的意識卻不受時間限制。當人們回憶過去時，可能會一臉嚴肅地喃喃自語，想像未來時，也可能會面露微笑。這是否表示我們一部分的意識，其實可以打破「光速屏障」，自由地穿梭在過去和未來呢？

我們的意識有兩種功能明顯不同的區塊，從很早以前就出現各種不同的用語來區分這兩種意識，像是表意識和潛意識、主觀心理和客觀心理、小我（ego）和真我（self）、生滅心和真如心等，所有的概念都是以內心的雙重性為前提，也就是表層和深層。在心理學上將此區分為意識和無意識，但擔心大家會誤以為無意識等於「沒有意識」，因此這裡會分為「表意識」和「潛意識」來解釋。

簡單來說，「表意識」就是我們的「想法」，包含的不只是腦海中的思緒，還有意圖和情感，像是移動我們的手腳或內心的觸動。另一方面，「潛意識」則是我們的想法和情感碰觸不到的深層意識，它同時也掌管了心臟的跳動、呼吸和體溫的自律神經系統。倘若我們不小心受傷，潛意識會在我們不知道的情況下，展開一連串治癒傷口的複雜過程。以某種意義上來說，潛意識就是生命力本身。我們的表意識會受到時間限制，但潛意識則不受時間限制。當我們夢到預知夢或察覺到共時性[23]，這是基於潛意識的作用。運動選手們的意象訓練（image training）或許多心靈成長書籍所說的「吸引力法則」，也是潛意識的作用。潛意識在意識深層蒐集各種複雜的資訊，進而創造出新的實相。

就像「如其在內，如其在外」所言，萬事萬物都歷經了兩次創造過程：先在內心創造心念後，再創造出外在實相。投射在人生布幕上的生活樣貌，是根據刻印在潛意識的意念所呈現出來的，因此，不論把什麼刻印在潛意識上，都極有可能成為現實。那些知道並懂

[23] 共時性（synchronicity），指沒有因果關係的兩個事件之間，出現了看似有意義的關聯，是心理學家榮格於一九二〇年代提出的概念。

得運用潛意識祕密的人，都清楚了解「腦海中浮現過去的畫面是靠記憶力，浮現未來的畫面則是靠想像力。」換句話說，當我們充份明白潛意識的運作模式後，就知道想像力並不是想像憑空捏造的事物，而是「憶起」已經發生在未來的畫面。

然而，此處最大的障礙是「我做不到」的信念。一九五〇年，根據醫學理論指出，在四分鐘之內跑完一英里（一千六百公尺）是不可能的事，醫界認為此舉超過人類生理極限，可能會造成肺部和心臟受損。

但是一九五四年，牛津大學醫學院學生、田徑運動選手的羅傑・班尼斯特（Roger Bannister），卻以三分五十九秒四的紀錄跑完一英里，打破了四分鐘的極限。人們稱之為奇蹟，但這只是開始而已。六週後，班尼斯特的競爭對手約翰・蘭迪（John Landy）以三分五十七秒九的成績再次刷新世界紀錄。過了兩個月後，又有十名選手破紀錄。兩年過後，共有超過三百位球員打破四分鐘的紀錄。很顯然，最大的障礙其實是來自心理上的障礙。

羅傑・班尼斯特一開始是如何突破極限的？他積極運用意象訓練，每天在腦海中生動描繪出自己在四分鐘內跑完一英里的畫面，並不斷自我暗示。當他首次突破四分鐘極限後，他是這麼說的：「並不是我的心肺功能無法承受四分內跑完一英里的速度，而是我一直不相信自己做得到。」

表意識是淺層意識，潛意識是深層意識

我們在清醒狀態下，很難碰觸到潛意識，因為潛意識是意識的「未知領域」。表意識無法理解潛意識，也就是說無法藉由思考觸及潛意識。反過來說，透過暫時停止思考，才能讓潛意識浮現出來。就像撥雲見日一樣，雲層散開後才能見到寬廣無際的天空，不再被雲層擋住。

相傳西元九世紀時，對《金剛經》頗有研究的德山禪師，曾前去拜訪龍潭禪師，向他闡述自己對《金剛經》的體悟。龍潭禪師不發一語，只是默默地聽著。待夜深後，德山禪師想回去休息，但外面天色已黑，他找不到回家的路。於是，他向龍潭禪師要了一根蠟燭，龍潭禪師便把蠟燭遞給他。正當德山禪師伸手想要接過蠟燭時，龍潭禪師突然將蠟燭吹熄。身處在一片漆黑之中的德山禪師，就在那一刻頓悟了。

這是為什麼呢？因為直到蠟燭熄滅後，他才看到夜裡璀璨的星光。同理可證，象徵思考的燭光沒有熄滅時，就無法體悟到宇宙的真理。在希臘語中，「Aletheia」（真理）詞

源的意思是「熄滅蠟燭」。當停止頭腦的意識思考，潛意識才會像星光一樣顯現。

冥想可以讓表意識暫時安靜下來。最常見的冥想方式是把注意力放在呼吸，藉由專注於此刻的呼吸，會感覺到想法明顯減少。當想法減少時，潛意識就會顯露出來。透過在寂靜中靜默冥想，可以將冥想畫面植入潛意識，因此有許多成功人士把冥想當成生活的一部分。《人生勝利聖經》（*Tools Of Titans*）作者提摩西．費里斯（Timothy Ferriss），在採訪全球頂尖管理者、學者、專家和藝術家等名人時，發現大多數人都將冥想融入了日常生活中。最簡單的冥想方法是將自己嚮往的美好畫面，用一句話、一張照片或短影片的方式，在腦海中不斷播放，並專注在那個畫面上。

專注於冥想自己渴望的畫面時，有些地方需要特別注意，那就是越是刻意將「意念」植入潛意識中，反而會造成反效果。「心理暗示之父」心理學家愛彌爾．庫埃（Emile Coué）曾表示：「當意志與想像背道而馳時，想像必定是贏家。」舉例來說，把一片窄長的木板鋪在地板上，並行走在木板上不是件難事；但把同樣的木板放在十米高的兩棟建築物之間並要求走過去，會發生什麼事？許多人會因此摔下來，因為他們會「想像」自己在木板上搖搖晃晃，最後摔到地板上的畫面。由此可見，意念始終無法戰勝想像。

有一個可以削弱意念並充分發揮想像力的簡單方法，那就是在入睡前和剛醒來時進行想像。這兩個時間點頭腦思緒較少，同時也是潛意識最活躍的時刻，包含約瑟夫．墨菲（Joseph Murphy）的《潛意識的力量》（*The Power of Your Subconscious Mind*）在內，有許多經典著作都大力推薦這種做法。當我們感到困倦時，大部分的表意識（思緒）都會慢慢沉寂下來。在這種放鬆的狀態下，潛意識會充分發揮出來，幾乎沒有任何一絲雜念。此時就可以像唱搖籃曲般，反覆在腦海中想像最美好的畫面直到入睡。在睡眠期間，潛意識會根據想像內容，調整內心狀態以利適應未來，同時也會激發靈感，讓夢想化為現實。

此時，重要的是感受。如果你能被心中所想的畫面感動，是再好不過了。當內心升起感動時，潛意識就會發揮驚人的力量。因此，試著把想像當作真實存在的景象，為腦海中浮現的畫面感到喜悅，並抱以感激之情。在入睡前，想像內心深處創造出來的情境，宛如真實存在一般，接著沉沉睡去。透過一而再、再而三的想像，無論是畫面或句子，最終都會成為一顆種子。這顆種子會在大地上紮根、萌芽、茁壯、開花結果後，又會再長出數十個新的種子。

回顧過去人生中美好的畫面，並透過想像力邁向未來吧！你想成為什麼樣的獨立工作者？未來最幸福的時刻會是怎樣的畫面？把處在黑暗中看不見的未來，帶向充滿光明的此刻吧！如果能夠透過想像，讓潛意識朝著自己想要的方向前進，相信不久的將來，就能和未來夢想成真的自己相遇。

POINT

- 冥想可以讓表意識暫時安靜下來，讓潛意識顯露出來。
- 在入睡前和剛醒來時進行想像，是可以削弱意念並充分發揮想像力的簡單方法。

結語

我是誰？我想成爲誰？

某天夜裡，我的內心突然升起一股焦慮感，為此輾轉難眠。

我（昇完）在三十七歲那年結婚，到了四十一歲才生下第一個孩子。稍微算了一下自己還要工作幾年，沒花多久時間思考，就得出了結論：過了七十歲後，還得要繼續工作。對我而言，「五十年的職涯」是無可避免的現實，但令我茫然的是，不知道要做哪些準備，才能讓自己七十歲後還能繼續工作。即使問遍周遭的人，也沒有人可以給出明確的答案。雖然大部分的人都知道退休後，還是要繼續工作的事實，但幾乎沒有人為此作準備。

全球人類的預期壽命急增，正朝著「百歲人生」邁進，但實際退休年齡並未延後。過去的人們在六十歲時早已步入退休年紀，由於醫療進步，現代人六十歲的健康狀況和智力，跟以前四十歲的人差不多。僅管如此，現實生活中，步入五十歲後還是必須面臨退休問題。另一方面，受到第四次工業革命和新冠肺炎等變化影響，更加劇了未來的不確定性。許多人包含我在內，都不知該如何應對，這本書的出版正是源於這種不安感。在過去的幾年內，我和朴勝晤作家不斷研究該如何為五十年的職涯做準備，我們找到的答案正是：「成為獨立工作者與邁向慢速職涯」。

享年九十五歲的彼得・杜拉克，一生從事過許多工作。他的第一份工作是在貿易公司擔任專員，也曾在證券公司上班，擔任過報社記者、經濟分析師、商業顧問、作家、教授等工作，在所有工作中都取得了非凡的成就，關鍵就在於他懂得開發自己的潛力並加以運用。當杜拉克每次開始一份新的工作時，他都會問自己：「如果我想在這份工作中發揮自己的能力，我應該怎麼做？」雖然問題都一樣，但每次得到的答案都不同。他總會設法努力找到答案，並試著發展出屬於自己的思考模式與執行方式。

原來從很早以前，杜拉克就是以獨立工作者之姿，實踐慢速職涯的先驅者。當時像他這樣的情況可以說是例外。然而，時至今日，不會有人一輩子只做一份工作，第一份工作做到退休的可能性幾乎是微乎其微。二十幾歲出社會工作，經歷幾次轉職後，五十幾歲準備退休的傳統職涯模式已經結束。如今，我們必須為新的職涯道路做準備，就連我也不例外，也曾跟杜拉克一樣自問：「如果希望自己過了七十歲後還能繼續工作，我應該做什麼樣的準備？」

答案顯而易見，「應該不斷嘗試挑戰不同的工作」。更具體地來說，以十年作為分水嶺，將目前工作結合其他領域拓展專業能力，或做好跨領域轉職的覺悟，這就是所謂的慢速職涯。

慢速職涯並非短跑路線，而是一趟漫長的馬拉松。想要走得更久更遠，必須按照自己的步調前進，而非盲目地追趕他人的腳步。獨立工作者是能以自己的節奏和風格，持續累積個人專業能力的職場工作者。獨立工作者的本質是自立，具有能靠自己的專業，創造出第二、第三事業的能力。培養專業能力和轉職能力這件事，沒有任何人可以代勞，只能靠自己不斷練習。因此需要進行自我探索，才能找到自己的專業。

在自我探索的過程中，也必須持續對自己拋出提問。提問（question）事實上也是一種自我探索（quest）。我在本書中曾向讀者們拋出各式各樣的提問，像是：做什麼事會讓你感覺有活著的意義？你擅長什麼？你為何而工作？能夠代表你的一句話是什麼？諸如此類的問題。請各位帶著這些問題，一起踏上尋找真實自我的冒險旅程吧！你將會重新發掘自己內在的寶藏，以不同的角度看待自己，體驗到驚人的轉變。

回想起來，我的職場生活還算順遂。沒有做過讓我痛苦到想逃避上班的工作，也沒有遇過惡劣到超乎想像的惡老闆；沒有被打壓而無法升遷的經驗，也從未曾被拖欠過薪水。雖然最後因為身心俱疲，離開了上一份工作，但那也是我自討苦吃，耗費太多心力在寫書上。整體來說，我的工作表現還可以，得到的評價也還可以，薪水報酬也還可以。但正是因為一切都只是「還可以」的程度，反而把自己推入了困境。細數自己在公司上班期間，勇於挑戰艱鉅任務的次數，可以說是少之又少。相反的，我通常會選擇比較不容易失敗的項目，交出「還可以」的成績單。也因為這樣，我在職場上不曾經歷過重大失敗，但同樣的，也從來沒有大幅的成長。在那些時間裡，我過得還可以，卻不知道自己總有一天必須為此付出代價。

直到離開公司後，我才意識到自己還沒有準備好獨立門戶。沒錯，一直以來我只是一名上班族，而非專業人士。就像離開公司後，名片就變得毫無用武之地一樣，我卸下了這段時間以來戴著的「面具」。拉丁語中的「Persona」（面具），是英文單字「Person」

（人）的源頭，由此可見，面具對人的重要性。簡而言之，面具可以說是一種社會角色，而人就是不斷地探究這世界賦予自己的角色是什麼，同時不斷思索這個角色是否適合自己。在各種形形色色的面具當中，職場和工作占據了特別的位置，因為比起其他角色身份，長大成年後，我們花了更多時間和心力在這上面。

我也很想知道什麼工作最適合我，但當我在職場上工作時，我並沒有更進一步深入探究。從公司舞臺退下來的我，變得很落寞。我不知道自己是誰，彷彿迷失了方向。二十幾歲時，為了知道「我是誰」開始嘗試書寫，我以為自己已經找到了答案。但直到離開公司後，才驚覺過去我以為的答案，竟成了難以置信的謊言，人生變得漂泊不定，就像一艘無舵的船，只是稍遇風浪就開始晃動，失去了航行的方向，任何風都不再是順風。年紀已經不小了，但過去平凡無奇，未來又一片茫然。也是在那個時候，我對本書開頭提到的「人生分岔路」寓言深有同感。我也跟故事中的主角一樣，不知道自己該做什麼，不清楚該選哪一條路。

正當我感到徬徨之際，腦海中突然浮現一個問題：「如果這一刻我即將死去，我最後悔的是什麼？」仔細思考後，我發現最後悔的是總活在別人賦予我的角色，從來不曾為了自己而活。哲學家帕斯卡（Blaise Pascal）曾說過：「一個人如果不知道自己是誰，就只能盲目地過生活；了解自己為何而存在，才是此生真正的目的。」斯賓諾莎（Baruch de Spinoza）也曾說過類似的話，他強調：「人生唯一的目的就是成為自己。」雖然卸下面具會讓人感到不知所措，但同時也是個機會，可以讓我們重新檢視「原本的真實自己」。除了問自己：「我是誰？」重要的是還必須問自己：「我想成為誰？」

在我的人生中，也曾經有一段時間迷失了方向，總想成為別人而不是自己。但現在的我，只想成為自己，不想成為任何人，想要活得更像自己。然而，「認識自己並成為自己」是看似簡單卻最困難的事。在《功夫熊貓》（*Kung Fu Panda*）（我一直很想和孩子一起看這部動畫片）深刻指出了這一點，平凡的熊貓阿波在誤打誤撞之下，獲得了能成為蓋世英雄「神龍大俠」的「神龍祕笈」。當他滿懷期待打開祕笈後，卻發現祕笈裡面一片空白。失望的阿波被搞得一頭霧水，他突然驚覺到自己似乎遺忘了原本熱愛功夫的初心，一心一意只想尋求祕笈。於是，當他再次翻開祕笈後，看到的不只是空無一物的祕笈，而是一面閃閃發亮的鏡子，鏡子如實地映照出自己的模樣。祕笈所要傳達的訊息是「要成為蓋世英雄，只需要成為真正的自己」。最後，阿波把柔軟度的優勢和被視為弱點的肥胖身軀結合在一起，創造出一套屬於自己的武功，成為最強的武林高手。

經過幾年自我探索的過程，我獲得了兩項珍貴的禮物，那就是找到人生的方向和天職。紐約洋基隊傳奇捕手名將尤吉・貝拉（Yogi Berra）曾說過：「如果你不知道自己要去哪裡，最後你可能會去到別的地方。」我想朝著「心齋、覺醒和成長之路」一直走下去。自由就是「自己」和「理由」的縮寫，我相信只要找到自己堅持的理由，無論路途再漫長、再艱難，都不會放棄。

被我視為心靈導師的喬瑟夫・坎伯，曾建議人們去做會讓自己感到「bliss」（幸福）的事。幸福就是當我們做自己真心喜歡的事，成為真正的自己時，內心油然而生的那股喜悅之情，也經常稱為感召或天賜之福。對我來說，自我探索和研究人物學是會讓我感到幸福的事。既然未來還要繼續工作這麼長的時間，我想以研究人物學為基礎，做最能活出自己的工作。至少在未來的十年內，我想把成為「人物學專家」當成我的使命，認真地度過每一天，闖出自己的一片天地。那將會是我心之所向的地方，渴望能過著那樣的生活。

坎伯曾表示，當我們追尋心中的幸福時，人生就不再是矩形迷宮，而是一座螺旋形迷宮。有別於矩形迷宮的錯綜複雜，螺旋形迷宮的出口都在中心點，不管走哪一條路都能通往中心，而幸福永遠朝著中心的方向前進。因此，追尋幸福的人生，就能通往我們的內在核心，也是通往真實自我的旅程。在這段旅途中，無論成功或失敗，如實地體驗過程才是最重要的，因為這就是成為自己必經的過程。此外，我還有「阿里阿德涅的線球」可以指引我方向，那就是和好友朴勝晤作家共同執筆寫的這本書。

從很久以前開始，我每次寫書時，心裡都會想著某位特定讀者。我在寫這本書時，腦海中也浮現了一名特定讀者，那就是今年步入職場第十五年的太太。我想，如果這本書能對太太在未來探索新的職涯時有所幫助，相信也能幫助到其他人。

然而，在寫書的過程中，我才發現她已經在公司奠定慢速職涯之路，並朝著成為獨立工作者的目標前進。我以為和太太相處這麼久，應該很了解她，但其實不然。我反而還有很多地方要向她學習，撰寫初稿時，也曾多次向她請益。不過，我也很快地找到取代太太的目標讀者，那個人就是我自己。聽起來或許很奇怪，但寫這本書似乎是「為我自己而寫」。

等到這本書出版後，我想把它擺在經常看得到的地方，隨時拿出來翻閱，持續不斷地問自己：「我是否確實走在成為自己的道路上？」我希望這本書能成為引導你走上獨立工作者之路的指南針，如果讀完這本書後能勇於冒險，闖出屬於自己的一片天地，那是再開心不過的事了。真心希望將來的某一天，我們能在慢速職涯的旅程中相遇。

洪昇完，寫於二〇二一年晴朗的冬日

HEART
心|視野　心視野系列 109

獨立工作者，現在開始為自己工作

把擅長的事做到最好，就能打造不怕失業的工作體質！

인디 워커 , 이제 나를 위해 일합니다 : 자립을 꿈꾸는 직장인을 위한 커리어 수업

作　　者　朴勝晤、洪昇完
譯　　者　鄭筱穎
封面設計　萬勝安
內文排版　許貴華
責任編輯　洪尚鈴
行銷企劃　黃安汝
出版一部總編輯　紀欣怡

出 版 者　采實文化事業股份有限公司
業務發行　張世明・林踏欣・林坤蓉・王貞玉
國際版權　鄒欣穎・施維真
印務採購　曾玉霞
會計行政　李韶婉・許俽瑀・張婕莛
法律顧問　第一國際法律事務所　余淑杏律師
電子信箱　acme@acmebook.com.tw
采實官網　www.acmebook.com.tw
采實臉書　www.facebook.com/acmebook01

ISBN　978-626-349-027-7
定　　價　360元
初版一刷　2022年11月
劃撥帳號　50148859
劃撥戶名　采實文化事業股份有限公司
104臺北市中山區南京東路二段95號9樓
電話：(02)2511-9798　傳真：(02)2571-3298

國家圖書館出版品預行編目資料

獨立工作者，現在開始為自己工作：把擅長的事做到最好，就能打造不怕失業的工作體質！ / 朴勝晤，洪昇完著；鄭筱穎譯 . -- 初版 . -- 臺北市：采實文化事業股份有限公司，2022.11
面；　公分 . -- (心視野系列；109)
譯自：인디 워커 , 이제 나를 위해 일합니다 : 자립을 꿈꾸는 직장인을 위한 커리어 수업
ISBN 978-626-349-027-7(平裝)
1.CST: 成功法 2.CST: 生活指導

177.2　　111015600

HEART

心|視野

HEART

心視野